맛있게 드세요 보나페티!

맛있게 드세요 보나페티!

초판 1쇄 인쇄 2013년 4월 20일
초판 1쇄 발행 2013년 4월 30일

지은이 정지연
그린이 이혁
펴낸이 김민기
에디팅 김보희
마케팅 서재근
Cooking Staff 이종우
인터뷰 정리 조혜민 이건중
펴낸곳 ㈜QCG
브랜드 큐리어스

출판등록 제 2012-000283호
주소 서울특별시 마포구 서교동 378-12 우전빌딩 5층
전화 02 3144 4947 팩스 02 3144 4948
이메일 yourbook@qrious.co.kr
홈페이지 www.qrious.co.kr

Copyright © 2013 정지연 • QCG Coporation
Water Painting Copyright © 2013 이혁

ISBN 979-11-950232-0-2 13590

큐리어스는 ㈜QCG의 단행본 출판 브랜드입니다.
이 책의 내용을 무단 복제 및 무단 배포하는 것은 저작권법에 의해 금지되어 있습니다.

이 도서의 국립중앙도서관 출판시도서목록(CIP)은 서지정보유통지원시스템 홈페이지(http://seoji.nl.go.kr)와
국가자료공동목록시스템(http://www.nl.go.kr/kolisnet)에서 이용하실 수 있습니다.(CIP제어번호: CIP2013003428)

전국 도서공급처 ㈜랭스토어 전화 02-2088-2013 팩스 031-943-2113 account@langstore.co.kr

맛있게 드세요 보나페티!

정지연 지음 | 이혁 그림

앨리의 부엌으로 초대합니다.

익숙한 것과
다른 것들이 만나
새로운 세계가 태어나는 곳.

누구나 서툴기만 했던 시간이 있습니다.
어이없는 실수를 하고, 상한 재료를 사고, 손가락을 베고, 소금 대신 설탕을 넣기도 하며 음식을 만들었던 적이 있습니다.
그러나 망친 요리는 버리면 됩니다. 요리는 언제든지 할 수 있고, 몇 번이고 다시 만들 수 있으니까요. 마음을 담은 한 접시의 소중함을 안다면 더 필요한 건 아무것도 없습니다.

요리를 하다 보면 재료를 알게 되고 관계의 원리가 보입니다.
재료의 양이 늘면 더 많은 소금이 필요하듯이, 관계의 양이 늘면 애정과 관심을 그만큼 더 넣어야 한다는 것도 알게 되지요. 알게 되면 상상할 수 있고, 상상하면 맛있는 요리를 만들 수 있습니다.
새로운 한 접시를 창조하는 기쁨, 그것을 나누는 즐거움을 함께하는 앨리의 쿠킹 클래스에 당신의 상상력과 호기심을 초대합니다.

쿠킹 클래스 '보나페티'를 위한 약속

레시피부터 찾지 말고, 음식의 마음에 귀를 기울입니다.
재료의 목소리를 듣고 음식의 원리를 생각합니다.
원리를 알면 누구나 자신만의 요리를 '창조'하고
수십 가지로 응용할 수 있습니다.

차 림

CLASS 1
봄날의 정원을
담다

프레시치즈 샐러드
18

CLASS 2
신선한 계란으로
할 수 있는 일

프리타타
34

CLASS 3
파리의 해장법

프렌치 어니언 수프
46

CLASS 4
정말로
감자라니까요

파리스 매시
62

CLASS 5
토마토가
익어가는 시간

토마토 홍합스튜
74

CLASS 6
태양이 키스한
야채스튜

라타투이
88

CLASS 7
시간을 거슬러
돌아온 것들

연어 스테이크와 대파 크림스튜
104

CLASS 8
이탈리아의 색을
입히다

전복 리소토
114

CLASS 9
어느 일요일의
프랑스 식탁

코코뱅
126

CLASS 10
누구에게나
그리운 맛은 있다

가자미 버터구이
138

CLASS 11
어디에나 있지만
어디에도 없는

라비올리
148

CLASS 12
소리의 향,
기다림의 맛

립아이 스테이크
160

CLASS 13
우리가 기억하는
따뜻함에 대하여

포토푀
178

CLASS 14
오늘은
즐거움을 굽는 날

로스트 덕
190

CLASS 15
마드모아젤 타탱의
달콤한 실수

업사이드다운 애플파이
204

SPECIAL CLASS
맛있는 향기

미르포아, 부케가르니, 향신료
216

에필로그 229
당신을 위한 파티

특별부록 241
RECIPE CARDS

클래스를 함께 여행할 도구와 기본 재료

① **올리브오일** 올리브를 따서 열이나 블렌딩 없이 그대로 압착하면 깊은 녹색의 엑스트라버진이 된다. 좋은 엑스트라버진 올리브오일은 초원의 녹색 내음은 물론 심지어 코끝에 과일향도 스친다. 향이 강하고 비싸니까 드레싱이나 요리 마지막에 향을 더해주는 데 쓰자. 엑스트라버진을 짠 올리브 펄프를 다시 압착해서 짜면 버진 올리브오일. 향이 좋고 요리에 주로 쓰인다. 이렇게 3~4번 올리브에서 짜낸 오일이 퓨어Pure다. 상대적으로 가격이 저렴해서 튀김이나 기름을 많이 쓰는 요리에 쓴다.

② **버터** 무염버터와 가염버터 중 요리나 제과에는 소금이 안 들어간 무염을 쓴다. 버터는 소금의 역할이 아니라 향과 맛을 담당해야 하는데, 가염버터를 쓰면 다시 간을 조절해야 할 수도 있다. 그러니 요리용 버터는 무염버터를 쓰기로 하자. 버터는 큐브 모양으로 한 조각당 10g 정도로 잘라두면 쓰기 편하다. 앞으로 우리는 버터 10g을 '한 조각'이라고 부를 거다. 두 조각이면? 20g이다. 버터는 냄새를 잘 흡수하고, 쉽게 상하니까 밀폐해서 냉장고에 보관하되 장기간 둘 것은 냉동실에 넣는다.

③ **소금** 굵기, 녹는 정도, 입자의 크기에 따라 맛이 다르게 느껴지지만 짠맛에 가려진 미묘한 차이는 구별하기 힘든 게 사실. 일단 화학조미료가 들어간 맛소금은 몸에도 해롭고, 요리의 자연스러운 맛을 해치니 되도록 사용하지 말자. 물을 끓여 요리할 땐 천일염 같은 굵은 소금을 쓰고, 스테이크처럼 고기나 음식에 간을 할 땐 입자가 고르고, 젖지 않고, 너무 굵지 않은 소금을 쓴다. 천일염은 수분을 흡수하는 성질이 있어서 골고루 시즈닝하기 쉽지 않다.

천일염은 바닷물을 햇빛과 바람으로 수분을 증발시켜 만든 것. 재제염(꽃소금)은 천일염을 다시 가공한 소금으로 나트륨 함량이 살짝 높다. 가공소금은 죽염, 구운 소금 등 굽거나 함초나 송화 같은 다른 식품첨가물을 더한 것이다. 맛소금은 화학조미료를 첨가한 소금이다.

이러니저러니 해도, 모든 소금은 짜다. 입자의 부피가 달라 한 스푼마다 질량이 다르고, 입에서 느끼는 짠맛이 다를 뿐이다.

④ **스퀴저** 레몬이나 오렌지즙을 짤 수 있다. 플라스틱보다 스테인리스가 튼튼하고 위생적이다.

⑤ **페퍼밀** 나무로 된 것도 있고, 가운데가 투명해서 후추 알이 보이는 것도 있다. 자주 쓰는 도구여서 너무 싼 제품은 금방 날이 헛돌 수 있으니 튼튼한 걸로 선택하자. 요즘은 판매하는 통후추 뚜껑에 간편하게 쓸 수 있는 페퍼밀이 달려 있는 것도 많다.

⑥ **작은 냄비** 2인분 정도 데울 수 있는 크기의 냄비. 오븐에 들어갈 수 있다면 스튜나 찜 요리에 유용하다.

⑦ **속 깊은 냄비** 닭 한 마리는 거뜬히 삶을 수 있는 냄비. 파스타를 삶거나 육수를 낼 때 좋다.

⑧ **나무주걱** 큰 것과 중간 것을 함께 구비하자. 많은 셰프들이 나무주걱을 선호하는 건 팬이 긁히지 않고, 무게가 있는 재료를 저을 때도 꺾이지 않고, 닳지 않는다는 점 때문. 나무주걱은 오랫동안 주방에서 뱃사공의 노 같은 것이었다.

⑨ **꽃잎집게** 낙엽집게로도 불린다. 스테이크를 뒤집거나, 팬에서 익힌 것을 담을 때, 국물에서 고기를 건질 때, 오븐에서 빵이나 음식을 뺄 때 등 다양하게 쓰인다. 익숙해지면 집게를 손처럼 쓸 수 있다.

⑩ **사각 스크래퍼** 제과할 때 쓰는 사각형 모양의 스크래퍼. 재료를 눌러 체에서 내려야 하므로 살짝 구부러지는 게 좋다.

⑪ **위스크** 다용도로 쓰기에는 중간 크기가 좋다. 내열성 실리콘 위스크는 달걀을 스크램블할 때 젓기 좋지만, 머랭을 내고 거품을 치기에는 약하다. 역시 스테인리스가 좋다.

⑫ **필러** 감자, 무, 심지어 사과 껍질도 편하게 깎을 수 있다. 일자형보다 칼날 쪽이 삼각형인 것이 여러 용도로 쓰기 편하고 안전하다. 스테인리스가 날이 오래간다.

⑬ **둥근 스테인리스 체** 평평하고 촘촘한 망을 스테인리스가 동그랗게 감싸고 있는 체. 퓌레나 감자 매시를 내릴 때 유용하다. 믹싱볼 위에 올리고 쓸 일이 많으니 체가 안정적으로 딱 맞게 올라가는 믹싱볼도 함께 구입하자.

⑭ **체** 손잡이 달린 체. 재료를 건지거나 물기를 제거할 때 쓴다.

⑮ **믹싱볼** 플라스틱에 뜨거운 걸 담으면 안 되니까 스테인리스로 두 개 구비하자. 퓌레를 내릴 때, 양념에 버무릴 때, 뜨거운 재료를 담을 때 혹은 손질할 때 활용한다.

'보나페티' 간단 계량법

테이블스푼과 티스푼 테이블스푼은 보통 집에서 쓰는 밥숟가락과 비슷한 양이다. 티스푼은 지금 머릿속에 떠오른 그것, 티스푼이다. 1Tbsp, 1T.S라고 쓰고 1테이블스푼으로 읽는다. 1Tbsp는 15㎖다. 1tsp, 1t.s라고 쓰고 1티스푼으로 읽는다. 1tsp은 5㎖다.

엄지와 중지, 핀치Pinch 핀치는 엄지와 중지로 소금이나, 설탕 등의 가루를 집었을 때의 양. 각자 어떻게 집느냐에 따라 달라질 수 있지만, 간을 맞추기 위한 소량의 양이다. 그러니 숫자에 신경 쓰지 말고 핀치로 넣어가며 맛을 보면서 메뉴를 완성하다. 미국 요리책에서는 1/8tsp으로 정의한다.

계량컵 cup, ㎖, oz가 눈금으로 표시되어 있어서 단위를 변환하는 수고를 덜어준다. 저렴한 데다 유용하니 한 개 사서 속 시원하게 쓰자. 보통 투명한 것을 쓰는데, 불투명한 건 안쪽에 눈금이 있어야 양을 확실히 잴 수 있다. 조금 무겁더라도 플라스틱보다는 내열유리를 선택하자. 뜨거운 것을 잴 수도 있고 그대로 전자레인지에 돌려 데우기도 편할 뿐더러 세척도 편하고 위생적이다.

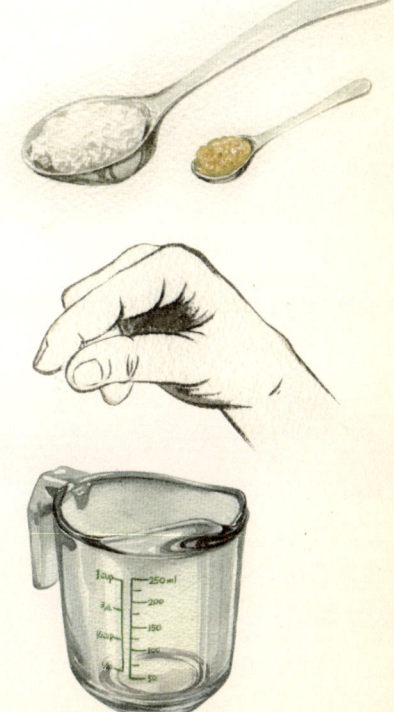

CLASS 1
봄날의 정원을 담다

프레시치즈 샐러드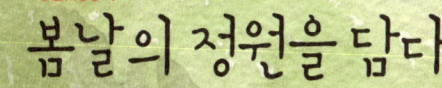

샐러드에는 어떤 상상이든 담을 수 있다.
연어 샐러드의 연어, 버섯 샐러드의 버섯 같은 주재료뿐 아니라
야채나 과일, 곁들일 토핑과 드레싱까지
머릿속 상상의 한 그릇을 만들 수 있는 거다.
샐러드에 봄날을 입혀보면 어떨까?
겨울을 견뎌낸 생명들이 피어나는 봄이 오면
작은 뒷산 전체가 샐러드볼이다.
사계절 자라는 나물이나 야채도 봄에는 더 연하고 아삭거린다.
새 생명을 머금은 야채에
새하얗고 크리미한 프레시치즈로 부드러움을 얹고
레몬즙을 넣은 발사믹 드레싱으로 상큼함을 더해보자.
나만의 정원을 꾸미듯, 그렇게.

HEART OF FOOD

우리의 샐러드는 봄 냄새 가득한 유채 잎과 참나물을 줄기째 뜯어 넣고 토마토와 좋아하는 야채를 상큼하게 버무린 다음 직접 만든 프레시치즈를 올리려고 한다. 거기에 치즈랑 어울리는 발사믹 드레싱도 버무려줄 거다. 샐러드라서 간단할 줄 알았는데 할 일이 많아 보인다고? 재료에 대해 알면 간단하게 할 수 있다.

먼저 치즈부터 알아보자. 치즈는 우유 속에 있는 카세인Casein이라는 단백질을 응고하여 발효시켜 만든다. 옛날 옛적 아랍 상인들은 양의 위로 만든 물통에 우유를 담아 다녔다고 한다. 그런데 어느 날 우유가 몽글몽글하게 굳은 거다. 누군가 그걸 먹어봤겠지? 생각보다 맛있었을 테고 그렇게 먹기 시작한 게 치즈의 유래라는 설이 있다.

치즈를 만든 건 '양의 위로 만든 물통'이었다. 양의 위에 있던 레닌Rennin이라는 효소가 우유의 단백질인 카세인을 응고시켰고, 그것이 발효되어 치즈가 된 거다. 지금도 치즈를 만들 땐 레닌과 스타터Starter라고 부르는 발효제를 쓴다.

우리가 만들 프레시치즈Fresh Cheese는 숙성시키지 않은 치즈를 말한다. 리코타 치즈Ricotta Cheese, 코티지 치즈Cottage Cheese, 프레시 모차렐라 같은 것들이 있다. 이 중에서도 리코타 치즈와 코티지 치즈에 대해서는 특히 의견이 분분한데, 간단히 정리하자면 레닌이나 스타터로 카세인을 응고시킨 게 코티지 치즈이고, 발효제를

쓰지 않고 열로만 응고시킨 게 리코타 치즈다. 리코타 치즈는 코티지 치즈의 일종으로 보기도 한다. 또 리코타 치즈를 치즈가 아닌 부산물이라고 하는 경우도 있다. 우유의 카세인을 응고시켜 치즈를 만들고 남은 맑은 물을 재가열해서 만들었다고 해서다. '리코타'는 recook, 재가열이라는 뜻의 이탈리아어다.

이름이 리코타든 코티지든, 치즈든 아니든 그보다 더 중요한 건 내가 뭘 어떻게 만들지 아는 거다. 이제 우리는 우유가 열과 산에 반응해서 치즈가 만들어진다는 우유의 원리를 알고 있으니 레몬즙도 넣고 가열도 하고 우유의 성질을 모두 이용해서 치즈를 만들려고 한다. 우리끼리는 이 치즈를 그냥 '프레시치즈'라고 부르기로 하자.

프레시치즈는 샐러드, 샌드위치, 치즈케이크, 커스터드 등에 쓰인다. 특별한 플레이버를 넣지 않았을 경우 속재료로 많이 쓰는데, 본래의 향이 강하지 않아서 질감이나 농도에 무게감을 주는 역할을 맡는다. 그래서 파스타나 라비올리에 넣기도 한다. 프레시치즈처럼 자신은 숨기고 다른 재료를 도와주는 녀석들은 여러 용도로 쓸 수 있다. 만일 개성이 강한 치즈였다면 '고르곤졸라 파스타'처럼 주인공이 될 수 있었겠지만, 요리할 때는 다양한 용도로 쓰이지 못했을 거다.

이번엔 드레싱이다. 샐러드에서 드레싱은 내가 상상한 맛을 야채에 입히고 전체 밸런스를 맞춰주는 역할을 한다. 드레싱Dressing은 '꾸미다, 차려입다'라는 뜻의 dress up과 같다. 재료를 돋보이도록 보완해주는 거다.

아무리 화려하고 비싼 명품 옷이어도 내게 어울리지 않고 때와 장소에 맞지 않으면 오히려 마이너스가 되듯, 어울리지 않는 드레싱은 음식의 균형과 조화를 깨고 의도했던 맛을 감춰버린다. 메뉴의 의도, 재료와 어울리면서도 돋보이게 해주는 드레싱이 좋다.

우리 샐러드에는 올리브오일과 식초를 기본으로 한 상큼한 비네그레트 드레싱Vinaigrette Dressing을 넣을 건데 식초는 발사믹 식초를 쓸 거다. 올리브오일을 베이스로 한 드레싱은 식초를 넣느냐, 계란 노른자를 넣느냐에 따라 크게 두 가지로 나뉜다. 식초는 프랑스어로 비네그르Vinaigre, 영어로는 비니거Vinegar. 그래서 식초를 섞은 드레싱을 비네그레트 드레싱, 혹은 프렌치 드레싱French Dressing이라고도 한다.

반면 오일에 계란 노른자를 섞으면 계란의 유화 능력이 발휘되면서 오일과 걸쭉하고 크리미한 농도를 만들어낸다. 마지막에 레몬즙을 살짝 넣어주면 예쁜 베이지색으로 환하게 변하는데 이것이 마요네즈다.

샐러드에는 주로 양상추나 로메인 등의 잎야채를 많이 쓰는데, 제철 나물을 섞어 만들면 색다른 샐러드를 만들 수 있다. 바람은 아직 차지만 햇살은 분명 봄날인 어느 날, 약속이 없어도 괜찮다. 시장으로 산책을 가자.

벚꽃마냥 예쁘고 싱그러운 봄나물들이 봄을 알려줄 거다. 게다가 벚꽃과 달리 전부 먹을 수 있는 것들이다. 과감하게 사보자. 그걸 샐러드로 만드는 거다.

무침이나 볶음으로만 먹었던 나물의 변신! 돈나물, 어린 열무 등 다양한 제철 나물들은 모두 훌륭한 샐러드 재료가 될 수 있다.

오늘은 유채나물과 참나물, 통로메인과 치커리로 샐러드를 만들 거다. 유채는 어릴수록 더 부드러우니까 되도록 어린 녀석으로, 로메인은 통로메인을 사서 양상추처럼 툭툭 찢어 쓸 거다.

프레시치즈 샐러드를 만든다고 해놓고 참 먼 길을 돌아온 것처럼 느낄지도 모르겠다. 하지만 이렇게 내가 만들 음식의 재료와 원리를 알면 요리를 상상할 수 있다. 손이나 칼로 잘랐을 때의 느낌, 씹었을 때 퍼지는 향, 입안에서 마지막까지 남는 맛, 머금고 있는 수분 같은 특징들을 기억해내면 서로 어우러질 때의 맛을 예상할 수 있게 된다. 작은 기호들을 기억해두면 사랑을 시작하기에 적절한 타이밍을 만들 수 있는 것처럼 말이다. 그럼, 각자의 마음에 있는 파릇하고 상큼한 봄날의 정원을 한 그릇에 담아볼까?

IN THE KITCHEN

먼저 프레시치즈와 드레싱을 만들고 샐러드 야채를 준비할 거다. 손질한 야채는 드레싱으로 잘 버무린 다음 접시에 담고 거기에 프레시치즈를 숟가락으로 푹푹 떠서 자연스럽게 올려주면 완성. 프레시치즈는 냉장고에 6시간 정도 재워둬야 하니까 먹기 전날 미리 만들어두면 좋다.

프레시치즈 만들기

필요한 것들

우유 1ℓ와 생크림 500㎖. 치즈를 많이 만들고 싶다면 우유와 생크림 비율을 2:1로 맞춰 양을 늘린다. 레몬 3개를 즙 내서 넣을 건데 신맛을 줄이려면 2개 정도만 넣는 걸로. 굵은 소금 1Tbsp도 준비한다.

1 우유와 생크림을 섞고 소금과 레몬즙을 넣는다

레몬은 반으로 잘라 스퀴저로 즙을 내고 체에 걸러둔다. 치즈에서 레몬씨가 씹힐 수도 있으니 귀찮아도 하자. 결국 다 내가 먹게 된다.

기본적인 프레시치즈 레시피는 우유 1ℓ에 생크림 500g, 굵은 소금으로 간하고, 레몬즙으로 신맛을 조절한다. 우유로만 만들어도 상관없지만

더 크리미하고 프레시한 맛을 느끼려면 크림이 들어가는 게 좋다. 하지만 무엇보다도 자기 입맛에 맞는 걸 찾는 게 더 중요하겠지?

우유와 생크림을 부은 냄비를 불에 올린다. 넣는 순서는 상관없다. 다만 우유나 크림이 들어가는 요리를 할 땐 불 조절에 신경 쓰자. 센 불에서 시작하고 데워지면 약한 불로 줄여야 한다. 그러지 않으면 우유는 넘쳐버리고 가스레인지는 더러워진다. 그러면 아뿔싸! 청소를 해야 한다. 반드시 약한 불로 끓이자.

곧바로 소금을 넣고 저어서 간을 보자. 처음 만들 때는 기준이 없어서 이게 간이 맞나 싶을 거다. 수분이 빠지고 나서 완성된 치즈에 남는 소금 양을 아직 판단할 수 없으니까. 일단은 지금의 맛을 기억해두는 걸로 만족하자. 나중에 판단할 수 있을 미래를 위해 데이터를 쌓는 거다.

요리할 때 간을 하거나, 재료를 첨가하거나, 조리법이 하나 더 쓰일 때마다 항상 맛을 보고 기억해두는 습관을 갖자. 그래야 내가 이걸 넣었을 때, 이 행위를 했을 때 어떻게 변하고 어떤 맛이 나는지 그 순간순간을 기억해서 몸이 자연스럽게 반응하게 된다. 얘는 이 정도 불에서 이런 맛이 나는구나, 이 정도 소금을 넣었을 때 이런 맛이 나는 거군, 하며 체득하는 거다.

다시 치즈 만들기로 돌아와 레몬즙 차례. 레몬즙은 꼭 소금 간을 한 후에 넣어야 한다. 신맛을 먼저 넣으면 짠맛이 가려져 제대로 간을 볼 수 없다. 레몬이 없다면 식초를 넣어도 된다. 하지만 레몬의 플레이버와는 좀 다르겠지?

2 뭉근하게 15분간 끓인다

약한 불에서 15분 정도 끓이며 생각날 때 한 번씩 저어주자. 오래 끓일수록 수분이 더 많이 날아갈 테니 부드러운 맛을 강조하고 싶다면 10분 정도만 끓인다. 단단한 치즈를 원한다면 40분까지도 끓일 수 있다.

3 끓인 치즈를 체에 걸러 식힌다

믹싱볼에 체를 올리고 깨끗한 리넨이나 광목, 거즈, 혹은 치즈클로스Cheese Cloth를 물에 적셔 꼭 짠 후 펼쳐서 얹는다. 거르는 천이 얼마나 촘촘하냐에 따라 수분이 빠져나가는 정도가 결정된다.

냄비의 불을 끄고, 준비한 체에 주저 없이 붓는다. 이게 다 빠져나가면 어떻게 하지? 의심하지 말고, 두려워하지 말고, 그냥 붓자. 냄비에 붙은 것도 싹싹 긁어준다. 10분 정도 지나 뜨거운 김이 빠지고 수분이 어느 정도 빠져나갔다면 천을 모아 끈으로 잘 묶는다. 냉장고에 넣으면 잡냄새가 들어갈 수 있기 때문이다. 치즈를 드라이하게 먹고 싶다면 손으로 꾹 눌러 수분을 빼거나 무거운 걸 올려둔다. 믹싱볼의 물을 버리고 체에 받쳐 냉장고에 넣는다. 냉장고에서 생기는 물도 중간중간 버려주자. 게을리하다가는 치즈가 물에 잠길 수도 있다.

천에서 치즈를 분리할 때 치즈 덩어리를 만지작만지작하면 자기들끼리 뭉치면서 잘 떼어진다. 완성한 치즈는 밀폐용기에 넣어 냉장고에서 보관하면 무려 일주일 정도까지 먹을 수 있다. 치즈의 신맛이 강하게 느껴질 수도 있지만, 다른 재료들과 함께 섞이면 맛이 잘 어우러지니까 걱정하지 말자. 그리고 우리는 언제든지 또 만들 수 있으니까. 다음에는 레몬즙을 조금 덜 넣어봐도 되겠지?

발사믹 드레싱 만들기

필요한 것들

발사믹 식초 30㎖와 엑스트라버진 올리브오일 90㎖는 필수. 옵션으로 선택한 재료는 양파 찹 1Tbsp과 홀그레인 머스터드 1tsp이다. 레몬과 소금도 필요하다.

1 양파와 레몬을 자른다

양파를 찹Chop한다. 찹은 다지는 게 아니라, 잘게 썰어주는 거다. 다지면 양파의 조직이 으깨지고 수분이 나온다. 그러면 아삭한 양파도 먹을 수 없고 빨리 상한다. 모든 양파찹은 슥슥 칼로 깔끔하게 잘라주자.

레몬은 웨지Wedge로 자른다. 소금으로 껍질을 문질러 깨끗이 씻은 후 2등분한다. 스퀴즈할 때처럼 가운데를 반으로 자르는 게 아니라, 레몬의 양 끝에 있는 꼭지를 기준으로 두고 세로로 자르자. 반을 다시 4등분한 후 꼭지 쪽을 잘라 정리한다.

2 발사믹 식초에 오일을 제외한 모든 재료를 섞는다

딱 한 가지만 기억하면 된다. "식초에 넣고 싶은 것들을 모두 넣은 후 마지막에 올리브오일을 조금씩 섞어준다." 소금은 오일에 잘 녹지 않기 때문에 식초에서 먼저 녹이는 게 좋다. 또 양파 찹이나 홀그레인 머스터드 같은 옵션 재료에는 식초의 맛이 배고, 반대로 재료의 맛도 식초에 녹을 시간이 필요하기 때문에 먼저 넣는 거다. 발사믹 식초 30㎖에 소금 1핀치를 넣고 잘 녹도록 젓는다. 30㎖는 위스키 한 잔, 1온스 혹은 에스프레소 한 잔 정도다. 후추를 뿌리고 양파 찹과 홀그레인 머스터드를 넣고 섞는다. 식초에 양파를 넣으면 매운맛은 날아가고 사각거리는 식감을 살릴 수 있다. 이때 양파의 매운맛은 사라지는 게 아니라 드레싱에 녹아든 거다. 식초가 잘 배게 골고루 섞어주자.

2 올리브오일을 조금씩 부으며 섞는다

비네그레트 드레싱의 국제적인 기본 원리는 식초 1, 올리브오일 3 비율이다. 1 : 3을 기준으로 해서 자신의 기호에 맞게 변형하자. 예를 들어 올리브오일을 사랑하는 이탈리아 사람들은 오일의 비율을 높여서 만든 드레싱을 좋아하겠지?
반면 우리 입맛은 오일의 맛보다는 산의 맛에 더 익숙하다. 신맛이 좋다면
비율을 조절하면 된다. 하지만 식초를 너무 많이 넣으면 몇 가지 문제가
있다. 산은 엽록소나 야채의 숨을 죽이고 색을 변하게 한다.
또 신맛은 짠맛이나 디테일한 맛을 가리기도 한다. 이런 단점도
있다는 걸 알고 나만의 비율을 만들자.

일단 기본 비율에 맞춰 올리브오일 90㎖를 넣을 거다.
한 번에 훅 붓지 말 것. 조금 넣고 섞고, 조금 넣고 섞
고, 그렇게 하면 기름이 다 풀어지지는 않아도

지방이 깨지면서 어느 정도 섞일 거다. 농도를 보며 꼭 맛을 보자. 우리는 맛 데이터를 쌓아야 하니까. 먹어보며 오일의 비율을 조절할 수도 있다.

3 레몬 웨지를 뿌리고 보관한다

완성된 드레싱을 뚜껑이 있는 통에 붓고 레몬 웨지 한 조각을 찍~ 짜서 뿌린 후 드레싱에 투하. 레몬의 신맛과 향은 식초와는 다르다. 특히 발효를 오래한 발사믹 식초로 드레싱을 만들 때 레몬으로 상큼함을 첨가해주면 더 좋겠지? 산이나 향이 날아가지 않도록 뚜껑을 잘 닫아서 냉장고에 보관하면 일주일 정도는 충분히 쓸 수 있다. 먹을 땐 꼭 흔들어서 잘 섞어주는 거 잊지 말기.

무조건 올리브오일만 쓰지 않아도 된다. 사과 향을 내고 싶어서 사과식초를 넣었다고 하자. 그런데 좋은 올리브오일은 향이 강해서 사과 향을 묻어버린다. 그럴 땐 엑스트라버진 오일 대신 향이 좀 덜한 버진 오일이나 베지터블 오일, 카놀라유 같은 거랑 조금 섞어서 써도 되고. 내가 강조하고 싶은 향을 위해서 오일을 바꿀 수도 있다. 식초도 선택하자. 깔끔한 맛이 좋다면 현미 식초처럼 향이 없는 식초를, 색을 내고 싶다면 레드와인으로 만든 레드와인 비니거를, 향이 진한 걸 원하면 발사믹 식초를 쓴다. 항상 원하는 것을 상상하고 그려보자.

프레시치즈 샐러드 만들기

필요한 것들

토마토 1개, 유채나물 10g, 참나물 3줄기 정도, 통로메인 1개, 치커리 20g이라고 레시피에는 쓰지만, 원하는 야채와 과일을 먹고 싶은 만큼 넣으면 된다. 프레시치즈도 올리고 싶은 만큼 준비하자. 발사믹 드레싱과 소금.

1 야채와 토마토를 준비한다

믹싱볼에 야채를 넣고 차가운 물을 채운다. 손으로 쑤석쑤석 몇 번 들었다 났다 하고 좌우로 흔들며 흙이나 이물질을 씻어낸다. 적어도 서너 번 정도 물을 버리며 반복한다. 아래위 좌우로 살살 흔들어서 건지고, 다시 물을 받아 씻어내자. 야채들이 싱싱하지 않거나, 여름철 뜨거운 열 때문에 숨이 죽어 있다면 얼음물에 잠깐 담가두자. 파릇파릇 되살아날 거다.

야채에 물기가 남아 있으면 비네그레트 드레싱이 야채를 코팅해주지 못한다. 그럼 드레싱 따로 야채 따로 찍어먹는 것과 다를 게 없어진다. 샐러드에 들어가는 재료의 물기는 최대한 제거해서 뽀송뽀송하게 준비하자. 물기를 뺄 때는 야채 탈수기인 샐러드 스피너Spinner를 쓰거나, 체에 받쳐 탈탈 터는 방법이 있다. 야채 양이 적다면 물기를 털고 키친타월로 살짝 한 번 눌러주자. 세게 누르면 풀이 죽겠지? 우리가 찬물에서 살살 씻은 건 크런치하고 아삭거리는 느낌을 살리려고 했던 거니까. 토마토는 반을 자르고 꼭지를 칼로 잘라낸 다음 여섯 조각 정도로 정도로 먹기 좋게 자르자.

2 야채를 소금과 드레싱으로 버무린 후 접시에 담는다

이제 모든 게 다 준비됐다. 야채를 손으로 툭툭 잘라서 샐러드볼에 넣는다. 손으로 자연스럽게 잘라주면 더 맛있게 보이고, 칼로 자르는 것보다 오래 간다. 소금을 1핀치 솔솔 뿌려서 시즈닝을 한다. 샐러드의 맛을 낼 때 소금은 아주 중요하다. 샐러드의 어원은 라틴어로 '소금'인 살Sal에서 왔다. 야채에 소금만 뿌려 먹었던 데에서 온 이름이라고 한다. 야채도 소금 간을 했을 때 훨씬 맛있다. 겉절이 할 때도 소금이나 간장으로 염분을 주듯 말이다.

이번엔 드레싱 차례다. 드레싱은 넣기 전에 잘 흔들어준다. 자칫하면 오일만 떠질 수도 있다. 야채의 양에 따라 다르겠지만 2테이블스푼 정도를 넣고 야채가 다치지 않게, 골고루 코팅될 정도로 젓가락이나 집게로 살살 최대한 짧게 섞는다. 그리고 샐러드를 담을 접시에 볼륨 있게 소복하니 담자.

3 토마토와 프레시치즈를 얹는다

야채를 버무렸던 샐러드볼에 드레싱이 남아 있을 거다. 토마토 웨지를 넣고 소금을 살짝 뿌려 버무리자. 그리고 샐러드 야채 중간중간에 보기 좋게 찔러넣어주자. 만들어놓은 프레시치즈는 스푼으로 푹 떠서 군데군데 자연스럽게 올리자. 담고 싶은 만큼 담되 소복한 야채가 눌리지 않도록 양을 나눠 얹거나 가운데에 많이 놓자.

시즈닝 Seasoning 시즈닝이란 원래 소금, 허브 혹은 스파이스로 믹스한 양념을 가리키는 말이다. 그리고 이런 양념을 재료에 해주는 게 시즌 Season이다. 영어로 된 요리책에는 '소금과 후추로 고기에 시즌 하시오'라고 적혀 있다. 그렇지. 동사와 명사! 영어 이야기다. 시즈닝은 명사, 시즌은 동사. 하지만 우리는 "시즌해줘"가 아니라, "시즈닝해줘"라고 하자. 시즈닝은 여러 향과 맛을 더하는 의미도 있지만, 기본적으로는 재료에 소금과 후추를 뿌려주라는 의미로 쓰인다.

PLATE FOR YOU

파티를 하거나 코스요리처럼 음식을 낼 때는 맛의 의도와 향, 먹는 타이밍, 함께 먹는 음식 등에 따라 메뉴를 구성해야 한다. 한 가지 음식 자체로는 너무 맛있을지라도 앞뒤에 함께 먹는 음식과 어울리지 않으면 식사 전체를 망칠 수도 있기 때문이다. 맛뿐만 아니라 음식의 양이나 비중, 무게감도 중요하다. 예를 들어 정말 맛있는 디저트를 만들었다고 하자. 그래서 파티의 하이라이트를 디저트로 결정했다면 손님들이 디저트 먹을 여유를 남겨야 한다. 무게감을 조절해주는 거다. 메인이 등심 스테이크라면 뱃속이 부담스러워졌기 때문에 아무리 맛있는 디저트라도 맛있게 먹을 수 없다. 그럴 땐 조금 덜 무거운 치킨 로스트를 메인으로 배치하는 거다. 한 접시 한 접시 정성을 다해 맛있게 만드는 것도 중요하지만 전체를 보고 강약을 조절해서 메뉴를 짜는 것도 중요하다.

엑스트라버진 올리브오일을 몇 방울 더 첨가해도 좋다.

견과류를 부숴 흩뿌리면 샐러드에 씹히는 재미를 줄 수 있다.

식용꽃은 항산화물질이 야채나 과일의 10배 이상이라고 한다.
프리뮬러, 팬지, 한련화, 베고니아, 멜로우, 소국화 등 종류도
많다. 모듬 팩으로 판매하니 골고루 섞여 있는 것을 사보자.

CLASS 2
신선한 계란으로 할 수 있는 일

프리타타 Frittata

만약에 세상에서 계란이 사라진다면?
사라진다면!
세상은 상상보다 훨씬 끔찍해질 수도 있다.
단순히 찜질방의 찐 계란이나,
계란 프라이만 이야기하는 게 아니다.
아멜리에의 크렘브륄레 설탕 깨는 취미도
푹신한 시폰 케이크도
줄리아 차일드의 홀렌다이즈 소스도
달콤한 아이스크림과 프랑스의 마카롱도
마요네즈가 들어간 수많은 요리도
존재할 수 없다는 뜻일 테니까.
내일 지구에서 계란이 사라진다면
오늘 나는 부드러운 프리타타를 구워야지.
야채를 가득 넣고 겉을 노릇하게 구운
최후의 계란 요리를
가장 소중한 사람에게 선물할 거다.

HEART OF FOOD

프리타타는 이탈리아식 오픈 오믈렛이다. 우리의 계란찜과도 비슷하다. 부드러운 계란 믹스에 시금치를 넣고 익혀서 만든다. 무엇보다 중요한 건 신선한 계란이다.

계란은 저렴할 뿐만 아니라 굉장히 많은 조리법이 있어서 여러 가지 요리를 시도해볼 수 있다. 셰프가 쓴 모자의 주름 개수가 할 수 있는 계란 요리의 개수라는 설이 있을 정도로 기본적인 식재료인 거다. 게다가 마음을 따뜻하게 해준다. 식당에서 계란 프라이 하나만 해줘도 그렇게 고마울 수가 없다. 마음뿐만 아니라 서민들에게 단백질을 공급해주는 녀석이기도 하다.

계란에는 단백질과 비타민이 많아서 우유와 함께 거의 완전한 식품이라고 불리기도 한다. '거의'라고 한 건 비타민C 등이 완전하게 들어 있지 않아서인데, 그러면 어떤가. 계란 먹고 귤 하나만 먹으면 되는데! 노른자에는 해독 성분이, 흰자에는 비타민B군이 많다.

또 레시틴Lecithin이라는 인지질 단백질이 기름과 섞여 유화작용도 한다. 자연 유화제인 거다. 그 덕에 우리는 마요네즈를 만들 수 있고, 소스나 빵도 만들 수 있다. 사실 세상에서 허브 중 한 종류가 없어지거나 식재료 중 가지 하나가 없어진다고 해도 음식의 역사에 거대한 변화가 일어나지 않을 거다. 하지만 계란이 사라진다면 음식의 역사를 다시 써야 할지도 모른다. 계란이 없다면… 어떻게 요리를 하지…?

다행스럽게도 우리에겐 계란이 있다. 뭐든 만들 수 있을 것 같지 않나? 감사하는 마음으로 신선한 계란을 모셔오자. 가장 최근 날짜를 고르는 건 기본이다. 야채들은 못 생기고 흙 묻은 게 유기농이어서 좋은 경우도 있지만, 계란은 다르다. 닭털이나 닭똥이 묻어 있으면 위생이 좋지 않은 곳에서 처리했다는 얘기다. 표면이 까칠까칠하고 깨끗한 계란을 고르자. 들었을 때 살짝 무게감이 느껴진다면 더욱 좋다.

계란은 왕란 특란 중란 소란 등으로 나눈다. 크기에 따른 분류니까 자기가 쓸 용도에 따라서 선택하면 된다. 예를 들어 프리타타는 작은 계란을 여러 개 깨는 것보다 큰 걸 몇 개 깨서 쓰는 게 낫겠지? 크기는 용도에 따라 선택하되 되도록이면 유정란을 먹기로 하자. 무정란은 암탉이 아무 일도 없이 혼자 낳는 알이다. 병아리가 나오

지 않는 알, 생명이 없다. 영양학적으로 이게 더 낫다 아니다의 문제가 아니라, 자연을 거스르는 인위적인 것보다 자연이 주는 것을 먹자는 거다. 그러니까 우리는 건강한 성생활로 낳은 유정란을 선택하자. 계란을 보관할 땐 동그란 부분이 위로, 뾰족한 부분이 밑으로 가도록 놓는다. 동그란 부분은 가실이라고 해서 숨 쉬는 부분이다. 거기로 세균이 들어갈 수 있으니 바닥에 놓지 말고 숨 쉴 수 있게 위쪽으로 두고 보관하자.

계란을 깼을 때 노른자가 풀어지고 냄새가 난다면 무조건 버린다. 흰자와 노른자 사이에 젤리처럼 살짝 올라와 있는 애들을 전문용어로 '농후단백'이라고 부르는데

이 농후단백의 넓이로도 신선도를
판단할 수 있다. 깼을 때 확 퍼지지 않고
6mm 정도 넓이로 봉긋하게 올라와 있다면
굉장히 신선한 거다. 3mm 이하라면 반숙보다는 완전히 익혀서 먹기를 권한다.

시금치의 별명은 겨울 비타민이다. 베타카로틴, 엽산, 철분, 나트륨을 배출해주는 칼륨, 비타민C가 많다. 영양소로 시금치를 어떻게 조리하면 좋을지 추론해볼까. 비타민C는 수용성이다. 그러니까 얘는 물에 넣을 경우 단시간에 넣었다 빼야 한다. 물도 팔팔 끓이는 게 아니라 90℃ 전후로, 엽록소를 더 파릇하게 해서 색을 유지해주는 소금을 넣고 말이다.
베타카로틴은 지용성이다. 기름이랑 같이 먹으면 몸이 '어! 기름이다!' 하면서 쫙 흡수한다. 반면 기름에서 오래 조리하면 영양소가 다 빠져버린다. 그러니까 시금치는 물에서든 기름에서든 재빨리 조리해야 영양소 손실도 적고, 색도 예쁘고, 식감도 살릴 수 있다.
맛있는 시금치는 뿌리가 단단하고 잎이 두껍다. 줄기가 두껍고 굵은 건 맛이 없다. 잎에 영양소나 맛을 보내지 않고 줄기만 자랐기 때문이다. 신선한 녹색 잎채소는 선명한 녹색에 매끄럽고 생글생글거린다. 땅에서 위로 자라는 야채는 보관할 때도 세워두면 싱싱하게 보관할 수 있는데 시금치도 마찬가지다. 모든 잎채소는 씻어서 보관하면 시들며 울어버리니까 씻지 않고 신문지나 키친타월에 싸서 냉장고에 넣어두자.

우리의 프리타타는 시금치와 선드라이 토마토를 넣어 만들 거다. 하지만 얼마든지 재료를 바꿔 응용할 수 있으니 좋아하는 재료를 선택해서 만들어보기도 하자.

IN THE KITCHEN

오븐에 들어갈 수 있는 15cm(6인치) 팬에 만들 거다. 2등분하면 두 명이 브런치로 먹을 수 있을 정도의 양이다. 프리타타에 들어갈 재료를 준비하고, 계란 믹스를 섞어 구우면 끝. 굉장히 간단하게 만들 수 있다.

필요한 것들

계란 믹스는 계란 3개, 생크림 90㎖, 그라나파다노 10g, 너트메그, 소금. 프리타타에 들어갈 재료는 시금치 데친 것 50g, 한 단을 사서 남은 건 시금치나물을 해먹자. 선드라이 토마토 20g, 2개 정도. 양송이버섯 2개, 버터10g, 양파 찹 1Tbsp, 마늘 1개, 너트메그, 소금, 후추가 필요하다.

1 시금치를 데치고 양송이버섯과 볶는다

양송이버섯은 키친타월이나 깨끗한 젖은 행주로 겉을 닦아준다. 물에 씻기도 하지만, 물과 오래 접촉하면 버섯이 수분을 먹어서 질척해질 수도 있다. 깨끗해진 양송이버섯은 2등분하면 끝. 양파 찹과 다진 마늘, 선드라이 토마토도 준비한다. 토마토가 크다면 반 정도 자른다. 시금치는 뿌리를 자르고 흐르는 물에 잘 헹군다. 사실 시금치 뿌리는 영양도 많고 단맛이 난다. 뿌리가 연하다면 뿌리까지 살려서 손으로 반을 나눈 후 헹군다. 그래야 안에 있는 흙먼지까지 잘 씻겨진다.

뿌리가 발그레한 핑크빛이 아니고, 씻어도 안 씻길 만큼 흙이 많고 말랐다면 과감히 잘라주되 너무 바짝 줄기까지 자르지는 말자.

시금치를 데칠 냄비에 물을 채우고 소금을 한 줌 넣고 끓인다. 물이 끓으면 시금치를 넣었다가 기다리지 말고 바로 건져내자. 팬에서 볶고, 오븐에도 들어갈 애들이니까 숨만 죽이고 볶을 때 마르지 않도록 수분을 주는 거다.

건져낸 시금치는 바로 찬물에 헹구며 식혀야 한다. 잔열이 있으면 안 된다. 요리할 때 잔열은 복병이다. 날카로운 감각으로 타이밍을 맞춰 꺼내더라도 식히지 않고 그대로 두면 남아 있던 열이 자기 멋대로 재료를 익히니 말이다.

체에서 물을 뺀 다음, 손으로 물기를 한 번 더 짜준다. 그리고 4cm 정도로 잘라주기. 보통 검지 끝에서 두 번째 마디까지가 4cm 정도라고 한다. 그러니까 한 마디는 2cm 정도겠지? 사람마다 손가락 길이가 다를 테니 시간 날 때 자신의 검지 길이를 알아두면 재료를 자를 때 도움이 된다. 이걸 아는 사람들끼리는 "안녕, 나는 왼손 검지가 6.25cm야"라고 인사를 건넬 수도 있다. 고향과 나이로 인사하는 것보다 훨씬 친근할 테니!

오븐에 들어갈 주물팬을 달군다. 버터 한 조각을 올리고 녹기 전에 양파 찹과 다진 마늘을 넣고 볶는다. 달큰한 냄새가 풍기면 양송이버섯을 넣어 노릇하게 볶고, 내 손가락 두 마디 길이의 시금치도 넣은 다음 소금 후추 해주면서 버터에 코팅하듯 살짝 볶는다. 불을 끄고 재료들을 식힌다. 사실 계란과 어울리는 재료라면 무엇이든 프리타타에 들어갈 수 있다. 이때 중요한 건 수분! 계란 믹스는 이미 농도를 조절한 것이므로 수분이 많은 야채가 들어가면 익으면서 질척해질 수 있다. 그래서 야채를 미리 노릇하게 볶아 수분을 다 익히는 거다.

2 계란 믹스를 만든다

계란 1개당 생크림 30㎖를 기준으로 하되, 더 부드러운 텍스처를 원하면 생크림 비율을 60㎖까지 늘릴 수 있다. 기호에 따라 생크림 비율은 조절하기로 하자. 생크림을 많이 넣었다면 완성 후 접시로 옮기다가 모양이 흐트러질 수 있으므로 팬째 두고 먹는다. 생크림 대신 우유를 넣기도 하고, 아무것도 넣지 않고 계란만 잘 저어서 만들기도 한다. 정해진 레시피로 만들어본 후

이렇게 저렇게 빼기도 하고, 넣어보기도 하면서 자신의 것을 만들면 된다. 남들이 어떻게 하는지 너무 신경 쓰지 말자. 맛있으면 된다.

믹싱볼에 계란 3개, 생크림 90㎖를 넣고 그라나파다노 치즈를 갈아서 10g 정도 뿌린다. 소금 2핀치 뿌리고 너트메그를 칼로 살살 긁어 뿌린다. 너트메그는 알싸한 맛이 나는 향신료다. 계란이나 감자 요리에 잘 어울린다. (자세히 알고 싶다면 226쪽으로.)

이제 잘 섞어주자. 노른자도 터트리고 알끈도 풀어지도록 위스크나 포크로 젓는다. 잘 섞어주면 더 부드러운 프리타타를 먹을 수 있다.

3 계란 믹스와 볶은 재료를 섞고 오븐에 넣는다

야채를 볶은 팬이 식었는지 확인해보자. 아직 너무 뜨겁다면 살짝 더 식힌다. 부드러운 계란을 먹기 위한 팁이다. 팬이 너무 뜨거우면 계란이 닿는 면이 단단하게 익는다. 계란은 약한 온도에서부터 익히는 게 더 부드럽다.

선드라이 토마토도 넣고 팬에 계란 믹스를 살살 붓는다. 야채가 살짝 뜨면서 섞일 거다. 재료가 한쪽으로 몰리지 않게 골고루 펴주자. 225℃로 예열한 오븐에서 8분 정도 익힌다. 계란이 익으며 갈색 빛이 돌고, 가운데가 푸딩처럼 살짝 흔들리면 프리타타 완성! 오븐에서 꺼낸 팬을 그대로 두고 먹어도 훌륭한 플레이팅이 된다. 접시에 올리려면 반드시 프리타타를 식힌 다음에 꺼내도록 하자. 그래야 안전하게 빠진다.

오븐이 없다면 약불에서 조금씩 익히자. 뚜껑을 덮어주면 더 골고루 익겠지? 뚜껑이 없는 팬이라면 쿠킹호일을 뚜껑처럼 만들어 덮는 방법도 있다. 마찬가지로 가운데가 살짝 흔들릴 정도가 되면 완성이다.

PLATE FOR YOU

호텔의 뷔페식 아침식사에는 요리사가 직접 계란을 요리해준다. 본인이 원하는 익힌 정도를 선택해서 주문할 수 있는 거다. 영화 <해리가 샐리를 만났을 때>의 까다롭지만, 그래서 더 귀여웠던 샐리처럼 디테일하게 주문하기도 한다. "버터 말고 오일로, 노른자는 익히지 말고, 소금 없이 후추만." 자신을 만족시키기 위해 조금 더 용기를 내자.

무례한 것이라고 생각할 수도 있지만, 불특정 다수를 상대로 음식을 하는 요리사에게 취향을 알려주는 건 맛있게 먹고 만족한다는 점에서 요리하는 사람이나 먹는 사람 모두에게 좋은 일이다. 물론 조리법 자체를 바꿔달라거나 불가능한 요구를 하는 것은 분명 실례다.

계란 프라이 하나를 먹더라도 자신이 원하는 것을 알고 있는 게 중요하다. 자기가 어떤 걸 좋아하는지 조금씩 알아가보자. 그러면 계란 한 알로 시작한 자신에 대한 관심이 인생을 훨씬 더 디테일하게 충족시켜주기 시작할 거다.

조각 케이크처럼 예쁘게 잘라 나눠 먹자. 접시에 담으려면 반드시 충분히 식혀야 한다. 뜨거울 때 옮기면 덩어리가 많은 스크램블된 계란을 먹게 될 수도 있다.

프리타타는 차갑게 먹어도 맛있다. 더운 여름날 상큼한 게 먹고 싶은데 냉장고에 프리타타가 있다면 샐러드와 곁들이면 딱이다. 드레싱은 발사믹 드레싱이면 충분하다. 토마토를 얹어도 잘 어울린다.

재료는 얼마든지 변형할 수 있다. 수분이 많은 야채는 볶아서 수분을 날린 후 넣어주자.

CLASS 3
파리의 해장법

프렌치 어니언 수프 French Onion Soup

1800년대의 물랑루즈, 파리가 파티였던 그때
밤을 즐기던 파리지앵들은 프렌치 어니언 수프를 먹었다.
새벽까지 먹고 마시고 춤추다가 취기가 돌고 땀에 절어 지쳤을 때
뜨거운 수프를 먹고 힘을 내서 다시 놀기 시작했던 거다.
그래서 프렌치 어니언 수프는 자정 이후에 먹으면 더 맛있는
밤의 음식이다. 물론 아침 해장에도 좋다.
양파의 깊은 단맛과 뜨끈한 국물이 온몸으로 퍼지며 이마에 살짝 땀이 맺히고
숙취가 사라진다. 수프를 덮은 치즈와 빵이 에너지도 보충해준다.
단, 마음에 드는 이성과 먹기에는 적합하지 않다. 땀은 기본이고,
찐득하게 녹은 치즈를 예쁘게 먹을 길이 없기 때문이다.
밤을 함께 보낸 다음날 해장이라면 괜찮을지도 모르겠지만.

HEART OF FOOD

프렌치 어니언 수프는 달큰하게 볶은 양파에 진한 육수를 더해 만든 해장국 수프다. 원래는 맑은 고기 수프인 콩소메Consomme나 포토푀Pot au feu (열세번째 클래스에서 만들 거다)를 먹고 남은 국물로 끓이는 게 전통적인 방식이다. 고기 육수가 양파와 농밀하게 만나 깊고 얼큰한 한 그릇을 만들어내는 거다. 그렇지만 우리의 수프는 포토푀 국물도, 소고기도 없는 날에 만들게 된다. 그 대신 닭을 통째로 삶아 국물을 낸 치킨 브로스로 만들 거다.

클래식한 레시피에는 마늘이 안 들어가기도 하지만, 최근 셰프들은 마늘로 매운맛을 첨가한다. 우리는 마늘 문화니까 좀더 확실히 넣어줄 거다. 신선한 후추도 듬뿍 뿌려서 개운하면서도 얼큰한 맛을 내보자. 무엇보다도 양파를 잘 볶고, 치킨 브로스를 잘 우려내야겠지?

먼저 양파. 양파는 맵다. 그리고 달다. 이게 모두 양파에 있는 알린과 알리신 성분 때문이다. 양파를 자르면 알린 성분이 파괴되며 매운맛과 향을 내는 휘발성 성분인 알리신Allicin으로 변하는데, 이 녀석 때문에 눈물이 나는 거다.

반면 양파가 몸에 좋은 것도 모두 알리신 덕분이다. 항균작용, 살균작용, 항암작용도 하고 혈액순환을 돕고 콜레스테롤 같은 몸속 나쁜 기름을 배출해주는 능력자다.

피를 맑게 해주는 거다. 또 비타민B군이 부족하면 몸이 피곤해지는데, 비타민B1 흡수를 도와서 피로회복까지 해준단다(비타민B1이 많은 음식은 육류, 육류의 간, 잡곡이나 견과류 등이 있다). 게다가 이 성분들은 모두 열에 강하다고 하니 조리해서 먹어도 충분히 섭취할 수 있다. 이처럼 양파는 해장에 아주 좋은 재료일 수밖에 없다. 오래 전 프랑스인들은 그걸 알아챘던 모양이다.

매운맛을 내는 알리신은 열을 가하면 생성되지 않는다고 한다. 익힌 양파가 단 것도 이 때문이다. 열이 매운맛은 막고 단맛을 끌어낸 거다. 그 단맛이 설탕의 50배 정도라고 하니 볶거나 끓이는 요리에 설탕 대신 양파의 양을 늘리는 것도 방법이다.

이 정도면 앞으로 양파 때문에 눈물 몇 방울쯤 흘려도 이해할 것 같다. 그러니 몸이 술 때문에 지쳤든, 피로로 지쳤든 기운을 북돋고 싶다면 양파를 먹자. 물론 평소에 꾸준히 먹으면 더 좋다.

양파는 단단하고, 보기보다 무겁고, 껍질이 윤기 나는 애들을 고르자. 마치 껍질로 꽉꽉 포장되어 있는 것처럼 탱글탱글한 녀석이 맛있다. 서늘한 곳에서 자랐으니 보관도 서늘한 곳에서 한다. 냉장고에 넣거나 날이 선선할 땐 밖에 둬도 된다.

빨리 상하는 재료는 아니지만, 필요한 만큼만 사고 미리 껍질을 까서 보관해두면 좋다. 양파를 까야 하네~ 귀찮아~ 하게 되면 양파가 싹 틔우는 걸 관찰할 수 있을지도 모른다. 웬만한 음식에 다 잘 어울리고, 쓰기 편하게 손질까지 되어 있으면 바로바로 쓰겠지? 이때 키친타월을 깔고 비닐팩이나 밀폐용기에 넣어주는 거 잊지 말기. 키친타월이 수분도 흡수하고 서로 닿았을 때 무르는 걸 막아서 아삭함을 유지해준다. 무엇보다도 휘발성 성분이 냉장고를 점령하지 못하게 하려면 밀폐해줘야 한다.

오랜 시간 매일 양파를 자르면 익숙해질 것 같지만, 나 역시 여전히 눈물을 찔끔거린다. 양파를 손질할 때 보통 찬물에 넣는 방법을 얘기한다. 그런데 양파의 알리신은 휘발성이 있을 뿐만 아니라, 물과 산에 잘 녹는 성질이 있다. 휘발성이니까 물에 담가두면 매운 향은 덜하겠지만, 몸에 좋은 성분들이 물에 녹을 수도 있다는 얘기다(샐러드에 슬라이스한 양파를 넣을 땐 얼음물에 담가 매운맛은 눌러주고 아삭함은 살려주기도 한다).

냉동실에 10~15분 정도 살짝 차갑게만 한 후 자르는 방법을 추천한다. 매운 휘발성 성분들이 잠잠해져서 덜 맵다. 그래도 안 되면, 고글을 쓰는 방법밖에 없다.

두 번째는 닭 육수. 프렌치 레스토랑을 그만두고 더 공부하겠다는 마음으로 파리에 갔을 때, 그때 처음 먹은 음식이 바로 이 수프였다. 늦가을 비가 추적추적 내리던 날, 종일 돌아다니느라 지친 몸으로 무작정 비스트로에 갔다. 그리고는 수프를 주문했다. 여긴 프랑스니까! 진짜 프렌치 어니언 수프를 먹게 될 거라고 기대한 거다. 얼마 후 눈앞에 놓인 건 희멀건 국물에 기름이 둥둥 떠 있는 엄청난 양의 정체 모를 음식이었다. "이걸, 이걸, 양파 수프라고!" 힘들 때 맛없는 걸 먹으라고 하니 화가 났다. 그리곤 혼자 중얼거리며 계속 기름을 걷어내다가… 결국 다 먹었다. 수프를 먹고 나니 추위도 불평도 사라졌다. 이렇게 프렌치 어니언 수프는 조금 덜 맛있어도 지친 마음을 위로해주고, 몸을 이완시키고, 힘이 나게 해준다. 그럼, 파리지앵은 어떤 해장국으로 아침을 맞이했는지 우리도 한번 만들어볼까?

스톡 Stock과 브로스 Broth 김치찌개 끓일 때를 생각해보자. 그냥 물을 넣고 끓이기도 하지만, 멸치나 다시마로 기본 국물을 내면 훨씬 맛있다. 우동도 마찬가지다. 가쓰오부시로 국물을 낸 게 더 맛있다. 이렇게 멸치 다시마, 가쓰오부시처럼 국물이 있는 음식을 만들 때 쓰이는 기본 국물이 서양요리에도 있다. 바로 스톡과 브로스. 스톡은 뼈를, 브로스는 뼈와 함께 살을 넣어 끓인다는 차이점이 있다.
우리의 멸치 다시마 국물처럼 가장 기본이 되는 스톡은 치킨 스톡이다. 닭 뼈를 끓여서 국물을 낸 거다. 닭 한 마리를 통째로 넣어 국물을 내면 스톡보다 맛이 더 깊고 풍부한 치킨 브로스가 된다. 재료를 한 냄비에 끓인 수프와 같다. 예를 들면 우리의 닭곰탕도 치킨 브로스다.
그 밖에도 들어가는 주재료에 따라 종류가 나뉜다. 야채로만 국물을 낸 베지터블 스톡 Vegetable Stock은 야채 맛을 강조거나 채식주의자를 위한 요리를 할 때 쓰인다. 생선뼈로 국물을 낸 피시 스톡 Fish Stock, 소뼈나 고기를 끓여 진한 국물 맛을 내는 비프 스톡 Beef Stock도 있다. 육류가 들어간 스톡은 화이트 스톡과 브라운 스톡으로 나뉘는데, 뼈를 그냥 넣어 끓이면 화이트 스톡, 오래 볶아서 색을 낸 다음 끓이면 브라운 스톡이다.
여기서 잠깐, 스톡과 브로스를 끓일 때 꼭 필요한 짝꿍을 알아두자. 바로 미르포아 Mirepoix와 부케가르니 Bouquet Garni다. 미르포아는 스톡이나 브로스에 들어가는 양파, 당근, 셀러리 야채 3종 세트다. 부케가르니는 향신료 다발이라고 생각하면 된다. 요리에 따라 향신료 구성은 달라진다. 미르포아와 부케가르니는 스페셜 클래스(216쪽)에서 자세히 얘기할 거다. 궁금하다면 살짝 읽고 오자.

IN THE KITCHEN

먼저 진한 치킨 브로스를 끓이고 양파를 볶을 거다. 브로스 대신 집에 있는 멸치로 국물을 내도 되지 않을까 하는 생각이 스쳤다면 그냥 물을 넣자. 설렁탕을 먹는데 진한 사골국물 맛 대신 멸치국물 맛이 나면 이상하겠지? 양파 수프도 육류 쪽 국물이 어울린다. 양파와 후추의 향이 강하기 때문에 물만 넣고 끓여도 된다. 물론 깊은 맛을 내려면 브로스로 끓여야 극대화시킬 수 있다.

치킨 브로스 끓이기

필요한 것들

중닭 1마리, 미르포아로 쓸 양파 큰 거 2개, 당근 1/2개, 셀러리 2줄기, 마늘 3알. 오늘의 부케가르니는 대파 흰 부분, 월계수잎, 통후추, 정향, 타임, 파슬리로 구성했다.

1 닭과 야채를 손질한다

먼저 닭을 손질하자. 꼬리 쪽에 동그랗게 지방이 뭉친 부분을 잘라준다. 특유의 비린내가 모여 있어서 안 자르고 삶으면 향신료를 많이 넣어도 만회할 수 없다.

내장을 뺀 안쪽 뼈 사이사이를 깨끗하게 닦아야 하는데, 솔을 써도 좋다.
닭을 깨끗이 씻은 다음 세로로 2등
분하거나 4등분하자.
우리는 2시간 가까이 브로스를 끓일
거니까 야채를 좀 크게 자르는 게 국
물이 더 깔끔하고 탁해지지 않는다.
양파는 툭툭 잘라 4등분, 당근은 양
파 썬 것의 반 정도로, 셀러리는 줄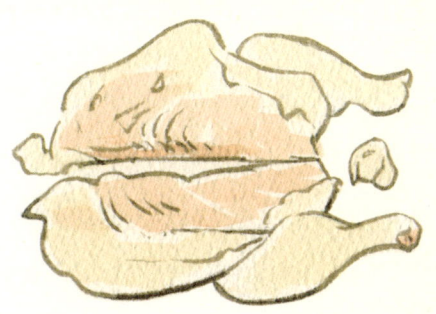
기 부분을 잘라서 준비한다. 셀러리 향이 좋다면 잎 부분을 완성하기 30분 전에 넣
어주자. 마늘과 대파 흰 부분은 통째로 넣는다. 부케가르니는 그냥 넣거나 국물을
낼 때 쓰는 스테인리스 망이나 국물 팩에 담아 넣어도 된다.

2 닭을 초벌로 끓인다

닭을 찬물에 넣고 후루룩 끓일 거다. 비린내를 제거하고 국물을 더 맑게 해주기 위
해 거치는 과정이다. 전문용어로는 블랜칭Blanching, 주방에서는 보통 '튀긴다'라고
한다. 주방에서 갓 들어온 신입을 골탕먹일 때 유용하게 쓰이는 말이다. 닭을 기름
에 튀기면 국물은 낼 수 없다!

깊이가 있는 냄비에 손질한 닭만 넣고 잠길 정도로 찬물을 부어 끓인다. 물이 조금
씩 끓어오르며 덜 빠진 피나 뼈에서 나오는 것들이 몽글몽글하게 거품이 일어날
거다. 그냥 두고 물이 팔팔 끓으면 바로 불을 끈다. 이제 잘 튀긴 닭을 물에 씻는다.
냄비도 씻어주자.

3 닭과 재료를 넣고 끓이기 시작한다

깨끗이 씻은 냄비에 닭과 미르포아(양파, 당근, 셀러리)와 마늘, 파 그리고 부케가르니를 모두 넣는다. 재료들이 모두 잠기도록 찬물을 붓고 (4cm가량 올라올 정도) 센 불이나 중간 불에서 끓이기 시작한다. 냄비 뚜껑은 열어둔다.

미르포아나 부케가르니를 언제 넣을지에 대해서는 의견이 많다. 처음부터라든가 1시간 전에 넣는다든가. 하지만 우리는 논란을 잠재우고 처음부터 넣기로 하자. 함께 끓이면 모든 재료가 어우러져 국물에 다 녹아든다. 어떤 재료 하나만 탁 튀지 않고 조화가 되는 거다. 잡내도 사라진다. 고기만 넣고 혼자 끓이면 당연히 고기에서만 국물이 나오게 된다. 아무도 도와주지 않으니까! 그래서 우리는 다 같이 끓이는 걸로. 만일 어떤 향을 더 살리고 싶다면 마무리 30분 전에 넣어주자.

오늘 바로 수프를 해먹을 거라면 끓이는 동안 양파를 슬라이스하자. 양파를 썰고 있어도 중간중간 브로스에게 관심을 줘야 한다. 슬슬 뽀글뽀글 끓기 시작하면 약불로 줄이자. 이때부터 거품이 뜨기 시작하는데 그걸 잘 걷어주는 게 맛있는 스톡이나 브로스를 만드는 포인트

다. 거품을 그대로 두면 불순물들이 들어가 국물이 탁해지고 잡내가 난다. 이렇게 거품을 걷어내는 것을 스키밍Skimming이라고 한다. 좋은 스톡, 브로스는 맑고 누린내가 나지 않는 게 기본이다. 정성으로 거품을 걷어낸 국물은 맛있다. 그리고 이런 정성이 손맛을 낸다. 귀찮더라도 곧 맛있는 걸 먹을 수 있다고 생각하며 잘 걷어주자. 1시간 30분 정도 끓이면 완성이다.

4 국물을 체에 걸러 완성한다

불을 끄고 국물을 체에 거르고 냉장고에 넣어 식힌다. 굳어서 둥둥 뜨는 기름을 떠내면 맑은 치킨 브로스 완성. 국물이 탁할수록 보관기간은 짧아진다. 보통은 냉장실에서 3~4일 정도, 얼려두면 필요할 때 언제든 쓸 수 있다. 한 번에 먹을 만큼 비닐팩에 넣어 납작하게 만들어 얼리거나, 뚜껑이 있는 아이스큐브에 담아 얼리면 쓰기 편하다. 이렇게 재료들을 한번 준비해두면 그 다음 요리가 쉬워진다. 준비가 쌓이는 거다. 이제 우리는 치킨 브로스를 끓여본 사람들이다. 요리 좀 하는 사람들이니까. 하지만, 사실 우리 집 냉동실에도 치킨 브로스 아이스큐브가 준비되어 있지는 않다.

스키밍 Skimming 프랑스어로 에퀴메Ecumer라고도 한다. 스톡이나 브로스, 소스처럼 액체를 끓이는 요리를 할 때 불순물이 거품으로 표면에 뜨는데, 이것을 걷어내는 것을 말한다. 그대로 둔다고 큰일이 벌어지지는 않지만, 걷어내면 훨씬 맑고 잡냄새가 없는 국물을 먹을 수 있다. 스키밍은 한식이든 양식이든 맑고 깔끔한 국물을 내기 위한 모든 요리의 기본이다. 또 요리 테크닉을 넘어 더 많은 걸 의미한다. 걸음마를 제대로 배워야 넘어지지 않고 달릴 수 있듯 셰프가 젊은 요리사에게 가르쳐주는 요리를 대하는 가장 기본적인 마음가짐이 담겨 있다. 먹는 사람에 대한 정성과 마음이라고 생각하고 스키밍하자.

프렌치 어니언 수프 만들기

필요한 것들

250g 정도의 조금 큰 양파 3개. 세 명이 적당히 먹을 수 있는 양이므로 조금 더 넉넉히 먹고 싶다면 양파를 2개 정도 더 넣어도 된다. 치킨 브로스는 1,200㎖를 준비한다. 양파를 볶고 끓여줄 때 1ℓ를, 마지막에 농도를 맞출 때 200㎖를 넣을 거다. 마늘 4알, 버터 40g, 월계수잎 1장, 화이트와인 100㎖, 소금, 통후추 4g 후추는 기호에 따라 조절하자. 바게트 빵과 모차렐라나 에멘탈 치즈.

1 재료 손질하기

프렌치 어니언 수프에는 큰 양파가 좋겠지? 크기 대비 노동이 적게 들어가니까. 껍질을 벗기고, 반으로 자른 다음 꼭지를 살짝 자른다. 안 자르고 슬라이스를 하면 일일이 손으로 떼야 하는 불상사가 생긴다.

양파 두께는 0.3cm정도가 좋지만, 최대 0.5cm를 넘기지 말고 자르자. 좀 두꺼워도 괜찮다. 하지만 두께는 일정하게 자르도록 노력해보자. 일정하지 않으면 익는 속도가 달라서 어떤 건 타고, 어떤 건 덜 익게 된다.

마늘은 다져서 넣을 거다. 간 마늘은 수분이 많고 타기 쉬우니까 칼의 면으로 으깨어 준비한다.

2 양파를 캐러멜라이징한 후 치킨 브로스를 넣는다

팬을 중불로 달군 다음 버터 40g을 넣고 양파를 볶기 시작한다. 팬의 두께나 양파의 양에 따라 다르지만 30분 정도 볶을 거다. 헉! 30분이라니. 너무 놀라지 않기를. 양파가 변해가는 걸 지켜보면 생각보다 시간이 금방 지나간다. 양파에 버터가 고루 묻게 잘 섞어주면 서서히 숨이 죽어간다. 숨이 죽어야 하는데 색부터 나기 시작한다면 불을 줄이자.

양파가 투명해지면 구수하고 달큰한 향이 날 거다. 그게 익어가는 냄새. 처음에는 잘 모르겠지만 냄새로도 재료가 익어가는 걸 인지할 수 있다. 밥솥에서 나는 냄새로 밥이 되어가는 걸 알 수 있는 것처럼 말이다. 팬에서 무언가 타는 냄새는 잘 알지 않나. 익어가는 것도 익숙해지면 냄새로 알 수 있다. 색깔도 마찬가지고.

자, 양파의 숨이 완전히 죽고 나면 어느 순간 급격히 색이 나오기 시작한다. 그때부

캐러멜라이징 Caramelizing 캐러멜라이징은 재료가 가진 당을 최대한 끌어내어 요리하는 걸 말한다. 그러면 캐러멜처럼 달고 쫀득하면서도 진한 색이 맛으로 나온다. 때로 이를 보충해서 도와주기 위해 설탕과 버터를 첨가하기도 한다.

터는 약불로 줄이고 자주 저어줘야 한다. 센 불에서 볶으면 색은 빨리 나온다. 하지만 양파가 수분을 날리며 단맛을 최대한 끌어내야 하는데 겉만 타면 색은 나오지만 맛이 갇히게 된다. 양파를 볶다가 딴 생각을 해서 태우면, 먹을 때 입에 다 남게 된다. 나중에 건져낼 수도 있지만, 얼마나 번거로운지 모른다!

색이 날 때 마늘과 후추를 넣자. 처음부터 같이 볶으면 타기 때문에 나중에 넣는다. 후추가 수프의 향을 좌우하기 때문에 통후추를 페퍼밀로 갈아서 신선한 걸 넣어야 한다. 굵기는 조금 거칠게, 크러시한 것처럼 갈기. 이때 소금도 2핀치 정도 넣고 밑간을 하면서 볶는다. 밑이 조금씩 눌어붙는다면 치킨 브로스나 화이트와인을 조금씩 넣어서 떼자. 볶거나 구울 때 눌어붙은 걸 와인 등으로 떼는 것을 데글라세 Deglacer라고 부른다.

그렇게 계속 볶다 보면 처음보다 6분의 1까지 줄어든다. 이제부터는 자기가 선택하는 거다. 우리의 치킨 브로스는 맑은 육수이기 때문에 볶은 양파 색깔에 따라 수프의 색깔도 결정된다. 맛도 그렇다. 진하고 응축된 맛을 원하면 더 이상 볶으면 안 되겠다 싶을 때까지 볶는다.

양파가 쫀득하게 캐러멜라이징되었다면 맛있게 끓인 브로스 1ℓ와 월계수잎을 넣고 약불에서 20분 정도 끓이자. 센 불로 팔팔 끓이면 고생해서 볶은 양파의 텍스처가 다 뭉개진다. 슬슬 양파가 브로스를 흡수하며 양이 조금씩 늘어날 거다. 뽀글뽀글 끓으면 소금을 조금 넣자. 짜면 수습이 안 되니까 기본 간만 하는 거다.

남은 브로스로 수프의 농도를 맞춘다. 수프에 올릴 빵이 어느 정도 국물을 흡수할 걸 생각해서 자기가 먹을 양보다 조금 묽게 하면 좋다. 클래식한 레시피에는 양파를 볶은 후 밀가루를 10g정도 뿌리고 볶아서 농도를 맞추지만, 우리는 치킨 브로스의 농도로 진한 맛만 낸다.

3 빵과 치즈를 얹어 그라탱으로 완성한다

수프에 올릴 빵은 수분을 잘 흡수하는 부드러운 식빵보다 바게트처럼 딱딱한 빵이 좋다. 바게트가 너무 두꺼우면 우리가 먹을 국물을 다 먹어버릴지도 모른다. 1cm 정도 두께로 잘라서 기름을 두르지 않은 팬에 바짝 굽자. 국물을 흡수하는 걸 최대한 막기 위해서다. 수프를 오븐에 넣을 그릇에 담고 빵을 살짝 얹는다. 그 위에 치즈를 사뿐히 놓을 거다. 모차렐라 치즈는 빵 위에 솔솔 뿌려주고, 에멘탈 치즈처럼 통으로 되어 있는 치즈는 최대한 슬라이스해서 올린다. 슬라이스할 때 칼에 자꾸 붙으면 칼에 물을 살짝 묻혀  잘라보자. 깔끔하게 자를 수 있다. 그대로 220℃로 예열된 오븐에 넣자. 치즈가 노릇하게 구워지면 꺼내어 뜨끈뜨끈할 때 바로 먹자. 이 수프는 뜨거운 치즈와 빵을 국물과 함께 떠서 호호 불어가며 먹어야 제맛이다. 오븐이 없을 땐 수프에 빵을 곁들이거나, 빵에 치즈를 얹어 전자레인지에서 녹인 다음 수프에 올려서 먹자.

PLATE FOR YOU

양파가 맛있는 갈색이 되어가는 과정은 볼 때마다 즐겁다. 물론 30분씩 양파를 볶는 건 요리를 시작하는 사람에게 쉽지 않을 수도 있다. 하지만 양파 볶기처럼 내 손으로 변화를 일으킬 수 있는 걸 경험하는 것도 누군가에게 영향을 주는 일만큼이나 멋지지 않을까. 또 양파 수프를 만들기 위해 한 번 양파를 다뤄보면 다른 요리를 위해 양파를 볶더라도 자신감이 생긴다. 처음부터 끝까지 양파가 어떻게 변하는지 직접 경험하며 양파에 대해 이해했기 때문이다.

제대로 수프 만드는 법을 배우면 사람들은 "이렇게 재료가 많이 들어가고, 이런 공정이 있는지 몰랐어요~" 하며 항상 놀란다. 우리가 경양식집에서 공짜로 먹었던 수프의 기억 때문이다. 물론 그것도 클래식한 레시피로 만든 수프이기는 하지만, 원재료보다 밀가루와 버터로 양을 늘려 만드는 경우가 많다.

좋은 수프에는 재료가 굉장히 많이 들어간다. 만들 때 손도 많이 간다. 하지만 결과물은 적다. 게다가 정직한 요리다. 어떻게 불 조절을 했는지, 얼마나 시간을 들였는지, 어떤 스톡을 썼는지 등 만든 과정이 그대로 드러난다.

우리는 육수부터 제대로 해봤으니 앞으로는 수프를 다르게 바라봐줄 수 있지 않을까? 서비스 음식이 아니라, 한 그릇의 요리로 말이다.

양파 수프를 맛있게 먹는 방법은 포크와 스푼을 같이 쓰는 거다. 수프 위의 치즈와 빵을 포크로 한입만큼 자르고 스푼으로 국물과 함께 떠먹자. 수프만 남게 되면 빵에 양파를 얹어서 먹고, 찍어도 먹자.

후추를 사랑한다면 노릇하게 구워진 치즈 위에 마무리로 살짝 뿌려줘도 좋다. 파슬리 찹도 잘 어울린다.

바게트나 다른 빵을 따뜻하게 구워 함께 내면 포만감을 보충해줄 수 있다.

CLASS 4
정말로 감자라니까요

파리스 매시 Paris Mash

배고프던 시절 끼니를 때우던 음식,
껍질째 삶아서 먹던 시골집 간식,
햄버거에 딸려 나오거나
스테이크 옆 사이드 메뉴로 놓이는 감자.
늘 먹어왔지만 맛있게 잘 먹었다는 기억은 남지 않는
엑스트라 같은 재료.
이쯤되면 감자는 억울하다.
아무리 감초같은 역할을 하고 뛰어난 연기력을 발휘해도
결국은 이름도 얼굴도 희미한 무명 배우처럼 말이다.
오늘은 감자가 주연으로 변신한다.
우리의 주인공을 소개한다, 파리스 매시!

HEART OF FOOD

파리스 매시. 매시드 포테이토Mashed Potato라고도 한다. 감자로 만들었다는 데 참 낯선 이름이다. 그런데 들어보면 알 것도 같은 녀석일 거다. 한 번쯤 먹어봤을 으깬 감자 샐러드가 단서다. 파리스 매시는 감자를 삶아 으깨는 게 아니라, 체에 내려 만든다. 으깬 감자와는 비교도 할 수 없을 만큼 부드럽다. 파리스 매시는 감자가 얼마나 부드러워질 수 있는지 그 한계를 보여주는 요리니까.

그간 우리가 먹어왔던 으깬 감자는 크러시Crushed Potato다. 부드러움의 차이가 있을 뿐, 사실 둘 다 크게 다르지 않다. 예를 들어 수프를 만든다면 매시드 포테이토로는 부드럽고 크리미한 수프를, 으깬 감자로는 걸쭉하고 건더기가 있는 수프를 끓일 수 있다.

이쯤에서 "어떻게 하면 감자가 그렇게 부드러워지는 건데!" 외치고 싶을 거다. 궁금해도 조금만 참고 다 아는 것 같았지만 속 모를 감자에 대해 알아볼까. 항상 곁에 있어 오히려 더 몰랐던 가족에 대해 알아가듯 말이다.

감자는 서양에서 우리의 밥과 같은 역할을 한다. 메인 메뉴로 나오는 생선이나 고기 곁에는 항상 감자가 있다. 감자는 한 접시의 음식, 한 끼 식사에서 탄수화물을 보충해준다. 포만감을 느끼게 하고 영양의 균형을 잡아주는 거다. 다이어트 식이 아니라면 탄수화물은 식탁에서 빠질 수 없다.

감자의 역할이 얼마나 컸는지 보여준 역사적 사건이 있었다. 아일랜드의 감자 기근이다. 1845년에서 1849년 사이 아일랜드에서 감자 병충해가 돌았다. 수확량이 90% 정도 감소했고, 그 결과 당시 아일랜드 인구의 8분의 1 정도인 100만 명이 굶어죽었다고 한다. 마치 우리가 곡식이 부족해 보릿고개에 시달렸던 것처럼 유럽인들도 감자 부족으로 그랬던 거다.

감자에는 탄수화물뿐만 아니라 사과의 5배 이상 되는 비타민C가 들어 있다. 프랑스어로 감자는 '땅 속의 사과Pomme de Terre'다. 이 비타민C는 수용성 비타민이어서 보통은 조리하면 쉽게 파괴된다. 하지만 감자의 비타민은 전분 구조에 감싸여

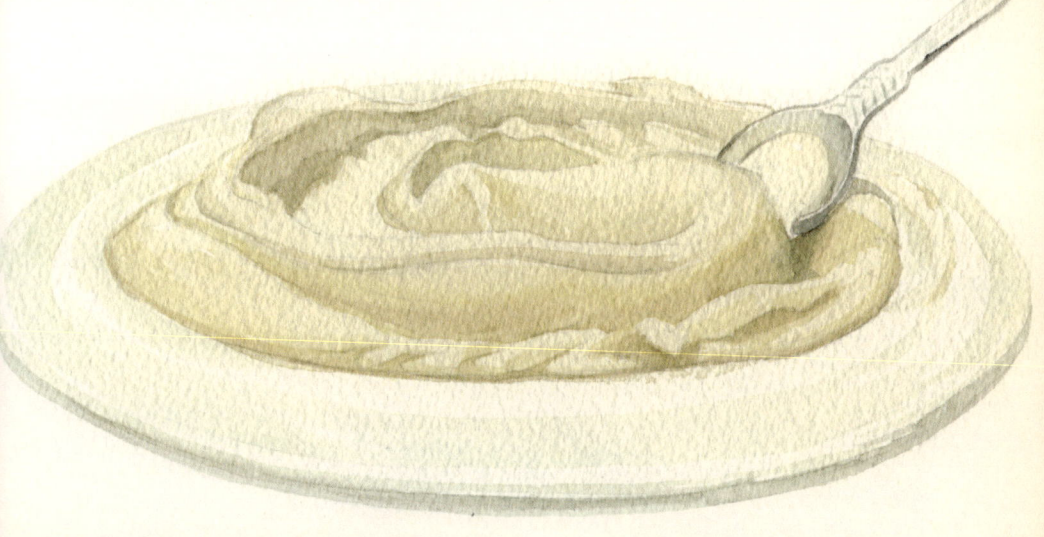

있어서 삶고 끓이고 볶아도 영양소가 훨씬 덜 파괴된다. 어떻게 요리해서 먹든 좋다는 얘기다.

요리할 때 중요한 감자의 특성은 전분, 당분, 수분인데, 우리가 만들 파리스 매시에는 전분이 많은 것이 잘 어울린다. 보통 저장감자나 큰 감자에 전분이 많다. 원론적으론 감자의 종류에 따라 조리법이 달라지는데, 우리는 핵심만 짚고 가자.

먼저 햇감자. 햇감자는 수분이 많고 달다. 당분도 많은 거다. 이렇게 수분, 당분이 많은 감자는 되도록 프렌치프라이처럼 튀기지 말자. 수분 때문에 금방 질척해지고, 당분이 금방 타버려서 쓴맛이 난다. 튀길 거라면 수분과 당분은 적고 전분이 많은 감자를 선택하자. 추천하는 건, 수입 냉동감자다. 냉동이라고 무조건 나쁜 게 아니다. 냉동감자는 튀김에 적당한 전분이 많은 품종으로 만든다. 아이다호Idaho가 대표 품종이다.

수분, 당분이 많던 햇감자는 시간이 지나며 수분은 날아가고 당분은 전분으로 바뀐다. 같은 품종이어도 햇감자보다 저장감자에 전분이 많은 이유다.

여기서 우리는 고민에 빠지게 된다. 햇감자는 맛있는데, 이 맛있는 감자는 안 된다는 말인가! 파리스 매시의 요리법에서 가장 중요한 포인트는 감자를 포실포실하게 삶아 체에 내려 부드럽게 만드는 거다. 질척하지 않고 부드러운 게 핵심. 햇감자로

매시를 한다면 수분 농도를 잘 잡아주면 된다. 어떤 감자를 쓰든 매시가 질척하지 않도록 조절해주자.

감자는 표면에 상처가 없고, 단단하고, 들어봤을 때 크기에 비해 묵직한 녀석을 선택하자. 이건 대부분의 야채나 과일을 고를 때도 마찬가지다. 들었을 때 가볍다는 건 내부에 있는 수분이 날아갔다는 거고, 그건 저장 기간이 길었다는 얘기다. 사람도 어릴수록 피부에 수분이 많듯 노화라는 건 모든 동식물이 비슷한 거 같다. 그러니까 감자는 냄새를 맡아 고르지 않는 걸로.

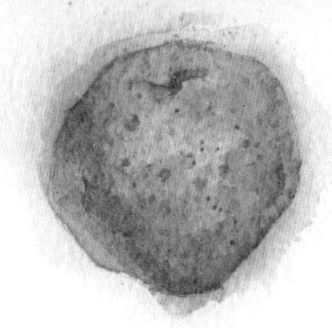

신선한 감자를 샀다면 서늘하고 햇빛이 안 드는 곳에 보관한다. 감자가 살았던 환경과 비슷하게 만들어주는 거다. 또 감자 박스에 사과 한 알을 넣어두면 싹이 나는 걸 방지해준다. 물론 싹이 나기 전에 먹는 게 제일 좋다.

이제 파리스 매시를 만들어보자. 세상에서 가장 부드러운 감자를 만나는 거다.

퓌레 Puree 퓌레는 야채를 갈거나 체에 내리는 걸 말한다. 생으로 갈기도 하지만 대부분 익힌다. 야채들을 해체해서 걸쭉한 형태로 만드는 거다. 대부분의 야채는 퓌레로 만들 수 있다. 녹색 야채는 살짝 데쳐서 더 색이 예쁘고 오래가도록, 전분이 있는 호박이나 단호박, 감자, 당근 등은 살짝 볶아서, 마늘은 우유에 삶아서 퓌레를 만든다. 그럼 이런 퓌레를 어디에 쓰느냐. 거의 모든 소스에 천연 색소가 된다. 가니시로 먹기도 하고 수프에 들어가는 가장 기본적인 형태이기도 하다. 당근 수프, 브로콜리 수프 등은 퓌레를 내릴 줄만 알면 누구나 만들 수 있다. 생크림과 우유만 첨가하면 된다.

그런데 한 가지, 이렇게 뭔가를 갈거나 체에 내려서 페이스트 형태로 만드는 걸 조리용어로 퓌레라고 하는데 감자는 주로 매시라고 부른다. 만일 감자 수프를 만들 때 매시보다 퓌레에 가까운 녀석으로 만들고 싶다면, 감자를 슬라이스 해서 양파와 같이 버터에 볶다가 감자가 익을 정도로만 치킨 스톡을 자작하게 넣고 익히는 거다. 감자가 투명하게 익으면 그걸 블렌더로 들어 갈아 체에 내리면, 그것도 감자 퓌레다. 감자를 삶아서 체에서 내리는 것도 퓌레이지만 그건 매시에 좀더 가깝다. 이렇게 감자는 특별히 조금 구분해서 쓰기도 한다.

과일은 퓌레로 만들지 못할까? 부르는 이름은 다르지만, 가능하다. 과일을 퓌레처럼 만드는 건 쿨리 Coulis라고 한다. 쿨리는 디저트 메뉴로 자주 쓰이는데, 과일을 체에 내려 퓌레로 만들고 생크림을 살짝 얹어 먹는다. 달콤하고 차가운 과일 수프처럼 말이다.

IN THE KITCHEN

감자를 부드럽게 체에 내려 만든 것도 파리스 매시, 거기에다가 감자에 어울리는 재료를 넣고 치즈를 얹어 그라탱으로 만든 것도 파리스 매시다. 일단 순수한 감자 매시를 만들고 그라탱에도 도전해보자.

감자 매시 만들기

필요한 것들

200g 정도인 중간 크기 감자 3개, 우유, 굵은 소금 1Tbsp, 버터 50g, 너트메그.

1 감자 삶을 준비를 한다

필러로 감자의 껍질을 벗긴다. 매시는 뜨거울 때 내려야 하기 때문에 삶고 체에 내리는 시간을 최대한 단축해야 한다. 물론 껍질째 삶는 것이 더 포실포실하지만, 뜨거운 감자를 빨리 벗겨낼 자신이 없다면 단호하게 껍질을 벗겨 삶는 걸로.
감자는 햇빛을 받으면 녹색의 파란 기운이 돌며 싹이 나는데, 싹에는 솔라닌 Solanine이라는 독성분이 있어서 아린 맛이 나고, 배앓이를 하게 만든다. 파란 부분은 잘라내고 싹은 필러의 칼날 옆에 톡 튀어 나와 있는 부분으로 도려내서 깨끗하게 제거하자. 벗긴 감자는 산소와 접촉하면 갈변현상이 생긴다. 아직 필러랑 친하지 않아서 시간이 오래 걸린다

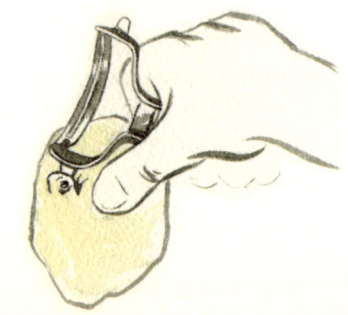

면 깎은 감자를 물에 넣어두고 여유롭게 깎자.

냄비에 감자가 잠길 정도의 찬물을 넣는다. 물보다 우유 색에 가까울 정도로 우유를 부어준다. 감자에게 우유를 더 투자할 수 있다면 많이 넣어도 좋다. 우유가 많을수록 감자는 고소한 맛이 나고 포실포실해진다. 굵은 소금을 넣고 약한 불에서 중간 불 정도로 세지 않게 조절한다.

2 포실포실하게 감자를 삶는다

35~40분 삶는다. 35분 정도 지났다면 찔러볼 시간이다. 젓가락으로 가장 큰 감자를 찔렀을 때 쑤욱 들어갔다가 쑤욱 빠져야 한다. 서걱거리며 힘이 들어가면 덜 익은 거고, 젓가락을 뺐을 때 깨지면 오버된 거다. 하지만 굳이 따지자면 매시할 땐 덜 삶는 것보다 오버되는 게 낫다. 덜 삶으면 내릴 때 힘이 많이 든다!

3 감자를 체에 내린다

드디어 감자가 알맞게 익었다면 싱크대에 체를 놓고 감자 삶은 냄비를 붓는다. 매시를 할 때 바로 이 체가 중요한데, 보통 우리가 쓰는 손잡이가 달린 둥근 체가 아니라 밑이 평평하고 촘촘한 스테인리스 체가 필요하다..

믹싱볼에 차가운 버터를 넣고 그 위에 체와 감자를 올린다. 그리고 베이킹용 스크래퍼로 감자를 으깨며 체에 내린다. 이때 중요한 건 뜨겁더라도 멈추면 안 된다는 거다. 감자가 식어버리면 내리는 데 힘이 많이 든다. 뜨거우니까 식혀서 내려야지 하다가는 더 큰 재앙이 들이닥칠 수도 있다. 어쨌든 우리는 지금 마음까지 따뜻해지는 부드러운 감자 매시를 내리는 중이다.

감자가 눈앞에서 사라졌다면 체의 뒷면까지 남김없이 잘 긁는다. 그러면 믹싱볼에 담아놓은 버터가 뜨거운 감자에 녹고 있는 게 보일 거다. 나무주걱으로 버터가 다 녹을 때까지 섞어주는데, 많이 치대면 더 찰지고 쫄깃해진다.

4 매시를 크리미하게 만든다
전자레인지에 우유를 30초 정도만 데우자. 따뜻한 매시에 차가운 우유를 부으면 안 되겠지? 미지근한 우유를 넣어야 한다. 우유를 조금씩 넣으며 나무주걱으로 섞어준다. 농도가 변하는 걸 보며 크리미하게 만드는 거다.
너트매그가 있다면 칼로 살살 긁어서 뿌려주자. 너무 많이 넣으면 입안이 싸하고 얼얼한 맛만 남을테니 조금만 뿌린다. 잘 섞은 후 주걱에 붙은 매시를 한입 먹어보고 소금으로 간을 한다. 그대로 접시에 담아 좋아하는 치즈를 뿌리고 함께 녹여서 먹어도 맛있다.

감자 그라탱 만들기

필요한 것들

감자 매시, 브로콜리, 양송이버섯, 완두콩 10알, 양파, 그 밖에도 넣어서 먹고 싶은 걸 준비한다. 모차렐라와 버터 10g, 올리브오일, 소금, 후추.

1 야채를 손질하고 볶는다
브로콜리와 양송이는 반으로 자른다. 양파는 깔끔하게 먹고 싶다면 찹해주고, 그냥 슬라이스해도 된다. 팬을 달군 다음 오일을 살짝 두르고 양파를 먼저 넣고 노릇하게 볶다가 브로콜리, 완두콩, 양송이버섯을 넣는다. 소금 후추도 해준다. 그렇게 볶다 보면 어느 순간 브로콜리가 환한 녹색으로 빛나는 때가 온다. 이때 버터를 넣고 야채를 코팅해준다. 사실 익히지 않고 먹어도 되는 야채들이니까 취향에 따라 익혀도 된다. 아삭한 식감을 좋아한다면 잠깐 동안만 저으며 볶는다.

2 감자 매시와 야채를 버무린다

감자 매시를 만들고 바로 그라탱을 준비하는 거라면 야채를 볶은 팬에 매시를 넣은 후 버무리기만 하면 된다. 냉장고에서 매시를 꺼냈다면 볶은 야채를 팬에서 빼내어 옆에 따로 둔다. 야채를 볶았던 팬에 매시와 우유를 넣고 중간 불에서 데운다. 부드러워질 때까지 저으며 처음 매시를 만들었을 때의 농도를 되살려주자. 소금으로 마무리 간을 하고 볶은 야채를 넣어 버무린다.

3 치즈를 얹고 녹인다

오븐에 넣을 그라탱 볼에 야채와 버무린 감자 매시를 넣고 모차렐라 치즈를 뿌린다. 에멘탈 치즈나 그뤼에르 치즈를 얹어도 맛있다. 220℃로 예열한 오븐에 넣고 치즈가 노릇하게 녹으면 꺼내어 후추로 마무리한다. 오븐이 없다면 팬에서 마무리하는 방법과 전자레인지를 사용하는 방법이 있다. 팬에서 할 때는 감자 매시 위에 치즈를 올리고 뚜껑을 닫아 녹을 때까지 기다린다. 치즈가 사르르 녹았다면 완성. 후추를 뿌려서 입안이 데이지 않도록 호호 불며 조심히 먹는다. 뜨끈하고 부드러운 감자가 치즈와 함께 지친 하루를 따뜻하게 위로할 것이다.

가니시Garnish와 가니처Garniture
가니시는 장식이고, 가니처는 메인 외에 곁들여지는 음식이다. 둘 다 메인의 향과 색을 더해주거나, 장식의 역할을 한다. 하지만 가니시는 파슬리 같은 허브나 작은 야채들처럼 가볍고 사이즈가 작은 것을 살짝 올린 것이고, 가니처는 메인의 부족한 열량이나 식감을 보충해주고, 색이나 맛을 채워서 완벽한 한 접시가 될 수 있도록 조화롭게 하는 역할이다. 그래서 가니시에 비해 사이즈가 조금 더 큰 편이다.
가니시가 고명이라면, 가니처는 한 접시 위에 올라가는 반찬, 혹은 곁들임이라고 생각하면 된다. 감자 매시는 탄수화물을 채워주는 훌륭한 가니처로 많이 쓰인다.

PLATE FOR YOU

감자는 누가 처음 먹어봤을까? 싹을 먹으면 독이 있어 배앓이를 하게 된다는 걸, 언제 어떻게 알게 되었을까? 지금은 아무 의심 없이 쓰는 재료들도 요리에 쓰이기까지 오래전 누군가는 처음 먹었을 테고 먹고 나서 아프고, 심지어 죽기까지 했을 거다. 결국 재료의 역사에는 그걸 발견하고, 먹어보고, 요리한 많은 사람들의 희생과 이야기가 담겨 있다.

우리가 새로운 식자재를 발견할 가능성은 거의 없지만, 일상적으로 먹지 않았던 음식을 처음 먹어봤을 때를 떠올리면 그것 또한 우리만의 역사가 아닐까. 일본에서 유학중이던 이모가 3분 카레 같은 인스턴트 카레를 가져다주신 적이 있다. 카레라는 걸 처음 먹게 된 거다. 한입 먹었는데, 처음 맛본 향신료들 때문에 정신을 차릴 수 없었다. 그런데 신기하게도 한참 뒤에 그 맛이 계속 생각나는 거다. 고수를 먹었을 때도 그랬다. 요리를 시작할 무렵 다른 요리사들과 베트남 쌀국수라는 걸 처음 먹게 되었는데, 거기에 고수가 듬뿍 들어 있었다. 다들 맛있게 먹기에 한입 물었더니 어릴 때 먹어본 살아 있는 메뚜기 맛이 났다! 그런데도 괜히 못 먹는 게 없는 척하고 싶어 끝까지 다 먹었던 적이 있다.

이렇게 각자 자기가 이렇게 재료에 대한 첫번째 경험을 떠올려보면 어떨까? 첫인상과 달리 지금은 좋아하는 재료가 되어 있을 수도 있고, 그렇지 않을 수도 있다. 그 순간을 떠올리다가 운이 좋다면 두근거리는 소중한 추억도 함께 기억날 수 있으니까.

한 스푼 떠서 다른 요리의 가니처로 곁들일 수 있다.
소고기 스테이크 옆에 놓기만 해도 훌륭한 탄수화물 가니처가 될 거다.

그라탱에 어울리는 재료들은 새우, 베이컨, 대구살,
표고버섯, 대파, 마늘 등이 있다.
좋아하는 재료를 골라서 만들어보자.

CLASS 5
토마토가 익어가는 시간

토마토 홍합스튜 Tomato Mussel Stew

토마토는 빨갛게 익으며 더 맛있어지고,
올리브오일을 살짝 두르고 끓이면 더 진해진다.
나이를 먹는다는 건
자신만의 향과 맛을 진하게 농축시키고
사람들과 관계를 맺으며
자신의 세계를 채워나가는 것이다.
그래도 가끔은 나이 들어가는 게
외로울 때가 있다.
그런 밤, 토마토와 홍합을
듬뿍 넣은 스튜를 앞에 두고
시원한 술잔을 부딪치자.
한탄도 하고, 울고 웃으며 그렇게
위로를 주고받자.
그게 또 사는 재미 아닐까?
C'est La Vie!

HEART OF FOOD

홍합스튜는 프랑스 북동부 지역과 벨기에에서 즐겨 먹는 우리의 홍합탕과 비슷한 음식이다. 기본은 화이트와인 홍합스튜인데 토마토소스나 크림을 넣어서도 만든다. 홍합탕은 재료도 저렴하고, 우리와 너무나 익숙한 음식인 데다가 누구나 쉽게 끓일 수 있다. 손질해서 끓이기만 하면 되니까. 오늘은 토마토소스도 넣고 스튜로 끓여 푸짐한 요리로 색다르게 만들어볼 거다.

우리가 만들 토마토 홍합스튜의 맛을 한마디로 표현한다면? "아~ 시원하다!" 희한하다. 뜨거운 게 목으로 넘어가면 마음은 시원해진다. 애들은 모르는 어른의 세계다. 게다가 토마토 홍합스튜는 매운맛과 잘 어울려서 매운 고추로 우리 입맛에 딱 맞는 시원하고도 개운한 맛을 낼 수 있다. 화이트와인이나 크림 베이스 홍합스튜는

스튜 Stew 스튜는 슬로우 쿠킹이다. 와인이나 스톡 같은 국물에 야채 혹은 고기를 낮은 온도로 천천히 익혀 각 재료들의 맛을 어우러지게 하는 것이다. 수프와 유사하지만, 수프보다 더 적은 양의 수분으로 재료를 오래 익혀서 부드럽고 촉촉하게 요리하는 조리법이다. 찌개보다는 갈비찜이나 안동찜닭처럼 수분이 자작하고 국물이 있는 정도다.
그럼, 낮은 온도라고 하면 얼마나 되느냐. 120~140℃ 정도를 말한다. 물이 팔팔 끓는 게 100℃, 거기에 재료를 넣으면 온도가 낮아졌다가 작은 방울들이 뽀글뽀글 소리를 내면서 끓기 시작하는데 그게 적당한 온도라고 보면 된다. 센 불로 팔팔 끓여버리면 재료의 조직이 파괴되고, 모양은 망가지고, 의도한 요리를 만들 수 없다.

매운맛이 본연의 섬세한 맛을 가릴 수도 있다는 걸 알아두자. 오늘은 여러 요리에 활용할 수 있는 맛있는 토마토소스를 만드는 것과 탱탱하고 부드럽게 홍합을 익히는 게 포인트다.

토마토, 하면 이탈리아가 떠오른다. 이탈리아는 토마토소스 스파게티, 피자뿐만 아니라 수많은 토마토 가공품들의 고향이다. 이탈리아인에게 토마토는 단순한 식재료로서의 의미를 넘어 문화라고 할 수 있다. 이렇게 토마토가 이탈리아에서 발달할 수 있었던 건 햇빛 덕이었다. 햇빛을 좋아하는 토마토에게 이탈리아는 자신의 진가를 발휘할 수 있는 최적의 지역이었던 거다. 햇빛을 많이 받고 자란 이탈리아 토마토는 진한 단맛과 향을 낸다.

우리가 만들 토마토소스에도 이탈리아의 햇빛을 듬뿍 받은 토마토를 넣으려고 한

다. 토마토는 크게 생식용과 가공용으로 나누는데 생식용은 별다른 조리를 하지 않고 그대로 먹는 용도, 가공용은 홀 토마토 통조림이나 토마토소스, 토마토케첩 등을 만들기 위한 토마토다. 생식용 토마토는 즙이 많고 껍질과 과육이 부드럽다. 반면 가공용은 즙이 적고 껍질이 두꺼우며 과육이 단단하다. 색도 훨씬 더 붉어 리코펜 함량도 높다(리코펜은 곧 자세히 설명할 거다).

플럼 토마토Plum Tomato가 가공용으로 가장 적합한 종인데, 우리가 먹는 토마토 가공품과 서양요리에 쓰이는 토마토의 대부분은 이 녀석이다. 새빨간 껍질이 반짝거리고 살짝 길쭉한 모양이다. 플럼 토마토 중에서도 산 마르자노 토마토San Marzano Tomato는 최고로 평가받는다.

우리나라는 가공용 토마토가 자라기에 적합하지 않다. 더구나 생으로 먹는 문화여서 대부분 생식용 토마토만 재배된다(전통음식 중 토마토가 들어가는 것도 없다). 생식용 토마토는 소스에 적당하지 않고, 만들어도 진한 맛을 낼 수 없다. 그래서 플럼 토마토를 통째로 넣은 홀 토마토로 토마토소스를 만들어보려고 한다.

요리할 때 토마토 페이스트와 소스 중 무엇을 쓸지 많이들 헷갈려한다. 착착 정리해보자. 먼저, 모든 베이스는 토마토 퓌레다. 직접 만들 수도 있고, 살 수도 있다. 퓌레는 껍질을 벗기고 씨를 뺀 토마토를 으깬 후 살짝 수분을 날려 끓인 것이다.

여기에 화학적으로 식염을 넣어 응축하고 건조시켜 고형분량이 24% 이상인 게 토마토 페이스트다. 볶거나 소스를 만들 때 조미료처럼

조금만 넣고 맛을 강하게 하거나 농도를 내는 데에 쓴다.

토마토소스는 토마토 퓌레에 여러 가지 향신료와 조미료를 넣어 바로 조리해서 쓸 수 있도록 가공한 거다. 스파게티 소스라고도 부른다. 페이스트와 소스는 목적에 맞게 잘 구분해서 쓰자. 별 차이 없지 않을까 해서 페이스트를 요리에 왕창 넣으면, 짜고 전분도 많아지고 토마토의 맛보다는 가공의 맛이 더 많이 난다.

홀 토마토는 껍질을 벗겨서 토마토주스에 마리네이드 시켜놓은 거다. 토마토가 통째로 들어 있는 것과 슬라이스된 게 있는데, 되도록 자르지 않은 걸 쓰자. 그러면 퓌레부터 소스까지 전부 직접 만들 수 있다. 우리는 퓌레나 소스를 직접 만드는 걸로.

토마토를 요리하기 전에 하나만 더 알아두자. 토마토의 빨간색은 지용성 색소인 리코펜Lycopene이다. 이 녀석은 열을 가하면 색소 함량과 흡수율이 높아지는데 생토마토의 5배나 높아진다. 당근에 많은 베타카로틴beta(β)-carotene도 들어 있는데, 얘는 또 지용성 비타민이다. 즉 토마토는 익히거나 올리브오일 같은 기름과 같이 요리하면 영양소 흡수가 더 잘되고, 맛도 좋다는 얘기다.

이탈리아에서 토마토를 가져왔으니, 맛있어 보이는 홍합도 골라볼까. 홍합의 제철은 겨울에서 초봄까지다. 4월 이후에는 식중독을 일으키는 독이 들어 있을 수 있다. 신기한 건 이때가 홍합이 번식하기 좋은 때라는 거다. 얘네도 살려고 '지금은 먹지 마!' 하고 독을 품는다. 이때 독이 없었다면 우리가 다 먹어치워서 홍합은 박물관에서나 보게 되었을지도 모른다. 암모나이트처럼 말이다.

홍합은 살이 붉다고 해서 붙은 이름이다. 홍합탕을 먹다가 하얀 살을 본 거 같은데, 왜 붉다는 걸까 싶을지도 모른다. 홍합도 암수가 있는데 열을 가했을 때 살이 흰색인 게 수놈, 붉은 빛이 도는 게 암놈이다. 우리가 보통 먹는 홍합은 껍데기가 보랏빛을 띤 검정색이지만, 껍질이 녹색이고 엄청 큰 그린홍합도 있다.

모든 조개는 깨지거나 부서진 건 뭔가 문제가 있는 거다. 살아 있는 홍합은 입을 꽉

닫고 있는데, 입을 열고 있다 해도 다 죽은 게 아니다. 숨을 쉬는 녀석도 있으니까 톡톡 건드렸을 때 입을 닫으면 살아 있는 거다. 숨 쉬려고 입 벌리고 있는 애들을 보고 "얘 죽었어!" 그러면 가게 아줌마한테 혼난다.

홍합에는 프로비타민D, 칼슘, 철분, 칼륨, 타우린이 많다. 먹으면 뼈가 튼튼해진다. 박카스에도 들어 있는 타우린은 피로를 풀어준다. 간의 회복에 좋고 알콜성 간염을 예방할 수 있다. 술 마실 때 먹으면 좋은데, 문제는 술을 더 부른다는 거겠지. 어쨌거나 저쨌거나 토마토 홍합스튜는 와인이나 맥주와 잘 어울리니 함께 즐겨보자!

IN THE KITCHEN

토마토소스는 앞으로 만들 라타투이나 리소토, 파스타에 쓸 수 있고 다양한 요리에 활용할 수도 있다. 한번 만들면 일주일 이상 보관할 수 있으니 넉넉하게 해두고 요리조리 해먹자. 토마토소스를 끓이는 동안 홍합을 손질하면 시간을 절약할 수 있다. 토마토소스를 마트에서 살 거라면 곧바로 스튜 만들기로 넘어가자.

토마토소스 만들기

필요한 것들

홀 토마토 캔 800g, 대형마트나 인터넷 쇼핑몰에서 살 수 있다. 홀 토마토, 혹은 토마토 홀을 찾으면 된다. 브랜드마다 양이 조금씩 다르니 확인하고 넣자. 양파 3/4개, 찹해서 넣을 건데 스튜를 만들 때 나머지 1/4도 넣어줄 거다. 미리 1개를 찹해두면 편하다. 마늘 1알. 월계수잎 1장, 파슬리, 통후추를 모은 부케가르니와 올리브오일, 소금.

1 맛을 결정하고 재료를 손질한다

토마토의 맛이 모두 같지 않으니 홀 토마토 캔을 따서 먼저 조금 먹어보자. 항상 요리를 할 땐 원재료의 맛을 보고 자신이 의도한 맛이 나오도록 더하거나 빼기를 해야 한다. 자기가 원하는 맛을 결정했다고 하자. 신맛이 부족하다면 레몬즙으로 보충한다. 단맛이 부족하다면 소스를 끓일 때 양파를 좀더 넣자.

양파 1개를 찹한다. 1/4은 스튜를 만들 때 쓸 거니까 남겨두자. 마늘은 칼의 면으로 한 번만 우두둑 으깬다. 월계수잎과 파슬리, 통후추는 스테인리스 망에 넣거나 국물 팩에 넣어 준비한다.

2 양파와 마늘을 볶다가 홀 토마토를 넣어 끓인다

소스를 끓일 냄비에 불을 켜고 올리브오일을 두른다. 냄비가 달궈지면 중불로 줄이고 양파 찹, 마늘을 넣고 달달달 볶는다. 양파에 색이 나면 지저분해지니까 타지 않게 단맛만 낼 정도로 볶자. 살짝 달큰한 향이 나며 양파가 투명해지면 토마토를 넣어달라고 얘기하는 거다. 홀 토마토는 따로 갈거나 으깨지 않고 그대로 국물까지 붓는다. 끓이면서 나무주걱으로 저을 때 대충 반씩 잘라준다. 물론 손으로 살짝 터트리듯 으깨서 넣어도 된다. 스페인의 토마토 축제를 손으로 느껴볼 기회다.

중약불에서 소스가 작은 방울을 터뜨리기 시작하면 부케가르니를 넣고 15분 정도 끓인다. 스튜에 넣을 토마토소스니까 수분이 약간 있는 농도로 끓이자. 마지막에 소금으로 살짝 마무리 간을 해준다.

토마토 홍합스튜 만들기

필요한 것들

홍합 600g, 토마토소스 500g, 홍합 입을 벌려줄 화이트와인 200㎖, 와인은 드라이한 걸로. 토마토 1개. 양파 1/4개, 소스 만들 때 남겨뒀던 것. 페페론치노 2개, 없다면 청양고추로 대체한다. 대파 흰 부분 1개, 마늘 1알, 월계수잎 1장, 올리브오일, 소금을 준비한다.

1 홍합과 재료들을 손질한다

바다와 비슷한 짠맛의 소금물을 준비한다. 너무 짜면 홍합이 염분을 먹고 죽으니까 살짝 맛을 보자. 소금도 잘 녹여주자. 가라앉으면 염분이 퍼지지 않는다. 홍합을 넣고 20분 정도 기다리면 몸을 씻기 시작한다. "바다구나~ 이제 집에 돌아왔네" 하면서 해감이 된다. 해감된 홍합을 꺼낼 때는 체에 붓지 말고 손으로 옮긴다. 이물질이 다시 체에 들어갈 수도 있고, 우르르 붓다가 껍질이 깨질 수도 있다. 홍합은 해감을 하지 않고도 바로 먹을 수 있지만, 모시조개나 백합 같은 다른 조개를 손질하게 될 날을 위해 미리 연습하자.

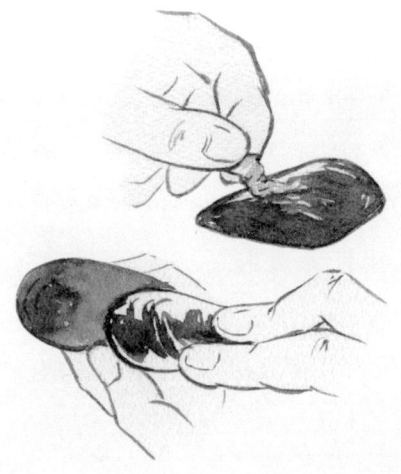

몸을 씻은 홍합의 수염을 뒤쪽으로 당겨서 뺀다. 수염 정체는 껍질에서 나오는 섬유질인데 벌려진 쪽으로 당기면 살이 찢어지며 죽어버리니까 뒤쪽으로 살살 당겨주기. 껍질의 이물질은 수세미로 닦아도 되고, 깨끗한 것들은 홍합 껍질끼리 문질러 긁어낸다. 다시 한번 깨끗이 씻어주고 체에 받쳐 물기를 뺀다.

토마토소스 말고도 생토마토를 콩카세Concasser해서 넣어줄 거다. 콩카세는 재료를 주사위 모양으로 작게 썰거나 다지는 걸 말한다. 양파 찹을 자르는 것과 테크닉은 비슷하다. 사실 좀 편하게 대충 잘라도 상관없다. 양파 1/4 찹한 것과 마늘 1알은 칼로 우드득 눌러주고, 대파 흰 부분은 슬라이스한다.

2   야채와 홍합을 볶다가 화이트와인을 넣는다

어떤 요리든 조개를 익힐 때의 포인트는 세 가지다. 신선한 조개, 불의 세기, 타이밍. 홍합도 자칫하다가는 질겨져서 국물만 먹게 될 수도 있다. 마음의 준비를 하며 화이트와인을 한 잔 마시자. 내가 사온 와인이 어떤 맛인지를 알아야 요리를 하면서 맛을 조절할 수 있으니까. 이것도 다 요리의 과정이니까 당당하게 마시자!

홍합이 넉넉히 들어갈 수 있는 깊이의 팬에 올리브오일을 두르고 달군다. 양파 찹, 대파 슬라이스, 으깬 마늘을 넣고 살짝 볶는다. 양파가 달큰한 향을 내며 투명해지면 홍합을 넣을 때라는 말이다. 물기를 뺀 홍합을 살살 붓는다. 불은 센 불이다. 센 불로 시작해서 센 불로 끝내야 홍합이 순간적으로 익어 부드럽다. 홍합을 넣자마자 바로 화이트와인을 붓고 페페론치노Peperoncino 2개를 부셔서 넣는다.

3   토마토소스를 넣고 흔들며 고루 익힌다

뚜껑을 덮고 1분간 익힌다. 뚜껑이 없는 팬이라면 똑같은 크기의 팬을 뒤집어서 위에 얹는다. 20초에 한 번 정도 흔들어주자. Shake it! Shak it! 밑에서 올라오는 열을 퍼지게 해주는 거다. 열이 골고루 퍼지지 않으면 어떤 건 덜 익고, 어떤 건 너무 익어버릴 수 있다.

뚜껑을 열고 토마토소스 500g 투하. 너무 휘저으면 껍질이 깨지니까 나무주걱으로 섞일 정도로만 젓는다. 좀처럼 입을 열지 않은 애들은 죽은 거다. 상태가 안 좋은 홍합 한두 개가 요리를 망칠 수 있으니 과감히 버리자.

국물 맛을 보자. 아마 깜짝 놀랄 거다. 누가 소금을 넣었지? 아, 바다가 넣어줬구나! 홍합에서 짠맛이 나오니까 반드시 소금을 넣기 전에 간을 보자. 싱거우면 마무리 간을 한다. 신선한 토마토 향을 위해 토마토 콩카세를 넣고 센 불을 유지하며, 후루룩 끓이면 완성. 소스가 홍합 국물과 어느 정도 어우러지고 살짝 자작한 정도가 좋다. 여기서 팁 하나. 토마토소스를 생략하면 화이트와인 홍합스튜가 된다. 이때 버터를 한 조각 넣어주면 맛을 하나로 모이게 해준다. 버터의 유지방이 와인의 뾰족한 신맛과 홍합의 짠맛을 감싸주는 거다. 토마토소스 대신에 크림을 넣고 살짝 졸이면 크림소스 홍합스튜가 된다.

PLATE FOR YOU

우리는 젓가락으로 홍합 살을 쏙쏙 빼먹는다. 손으로 하면 뜨거우니까. 안타깝게도 프랑스나 벨기에는 젓가락이 없다. 물론 포크를 써도 되지만, 껍질로 먹는 재미있는 방법이 있다. 먼저 캐스터네츠처럼 눌러도 잘 일어나는, 아직 힘이 있는 껍질을 하나 고른다. 그게 우리의 도구다. 캐스터네츠 껍질로 국물에서 홍합을 건져 왼손으로 잡는다. 그리고 오른손에 있는 껍질로 살을 콕 잡아빼서 먹는 거다. 처음에는 어색하고 잘 안 되겠지만, 어느 순간 가속도가 붙으며 스튜의 모든 껍질을 까고 있을 거다.

이때 속도를 조절해야 한다. 껍질을 까려면 3분의 1 정도씩만 해줘야지, 전부 홀랑 벗기면 스튜가 금방 식어버린다. 껍질이 뚜껑 역할도 해주기 때문이다. 식은 홍합스튜는 다시 데우면 질겨진다. 그러니 한꺼번에 살을 발라내지 말자. 껍질이 다 빠지면 홍합탕의 국물도 빨리 식고 흥미를 잃으니까. 다른 사람에게도 좀 양보하자

벨기에나 프랑스 사람들처럼 프렌치프라이를 곁들여 먹거나, 바게트나 쫄깃한 호밀빵을 함께 먹으면 더 맛있다.

껍질을 버릴 수 있는 그릇과 티슈를 같이 낸다. 먹는 사람을 배려하는 것까지가 요리를 마무리하기 위한 바로 전 단계다. 마무리는? 누군가 맛있게 먹는 거다!

바다 비린내에 약한 사람에게는 레몬을 뿌려준다.
레몬향이 비린내를 눌러준다.

오목한 큰 그릇, 예쁜 냄비나 뚝배기에 담고 눈에 띄는 빈 껍질은
빼버린다. 파슬리 찹이 있다면 잘게 찢어서 뿌린다.

CLASS 6
태양이 키스한 야채스튜

라타투이 Ratatouille

봄의 끄트머리에서 여름 사이
꽃이 피고 열매가 맺고
태양에 채소들이 익어가기 시작할 때,
약속이나 한 것처럼 바구니에 한아름 야채를 담아와
흥얼거리며 요리하는 게 바로 라타투이다.
바다 저쪽, 프랑스 남부 프로방스에서 오랫동안 그래 왔단다.
태양이 키스한 여름의 싱싱한 맛,
말 그대로 'Sun kissed vegetable stew'다.

HEART OF FOOD

라타투이는 프랑스 남부에서 즐겨 먹었던 전통적인 가정식이다. 토마토, 가지, 파프리카(혹은 피망), 주키니 등의 야채를 올리브오일로 볶은 후 프로방스 출신의 허브를 넣고 푹 끓인 스튜. 그래서 라타투이는 내가 어릴 적에 프로방스에서 뛰어놀던 추억으로 얘기를 시작…할 건 아니고, 전라북도 익산 할머니 댁에서 산으로 들로 돌아다니며 이것저것 따서 먹으며 놀았던 여름방학을 떠올리게 한다.

땅에서 나는 것을 바로 따서 먹었을 때의 그 맛은 먹어보지 않고는 절대 알 수 없다. 익히지 않으면 못 먹을 것 같은 가지조차도 베어물면 뽀드득거리며 풋풋하고도 달큰한 향이 입안 가득 피어난다. 토마토는 또 어떻고. 햇빛을 가득 받은 토마토에서는 태양의 맛이 난다. Sun kissed, 태양의 키스. 그 빨간 에너지가 즙과 향으로 입에서 터지는 거다.

라타투이는 이렇게 자연의 재료들과 만났던 순수한 경험과 가장 비슷한 요리라고 할 수 있다. 한국보다 더 강렬한 태양의 키스를 듬뿍 받고 자란 프로방스 야채들이라니. 그런 재료들을 한 냄비에서 정성껏 끓여내는 것, 그게 라타투이의 전부다. 이미 자연이 다 요리해놓은 것을 먹는 거다. 그런데 우리에겐 프로방스 야채가 없다.

그래서 요리를 해보자는 거다. 불로 야채 안에 잠든 태양의 맛을 최대한 끌어내는 것, 그게 우리가 만들 라타투이의 비밀이다.

태양의 맛을 요리로 표현하기 위한 두 가지 키포인트가 있다. 하나는 토마토다. 외국 레시피에서는 토마토를 찹해서 다른 재료들과 같이 오래 끓인다. 그럼 그 토마토에서 나온 맛이 야채에 스며들어 어우러지는 거다. 라타투이의 전체 맛은 토마토가 좌우한다. 토마토의 상큼함이 메인 테이스트, 붉은색이 메인 컬러가 되는 거다. 그런데 앞에서 설명했듯 우리의 토마토와 이탈리아의 토마토는 다르다. 그래서 우리는 생토마토로 싱그러움을 주고, 홀 토마토 캔을 3분의 1 정도로 졸여 맛의 기본이 되는 소스 역할을 하도록 만들 거다.

또 한 가지는 라타투이에 넣을 재료를 따로따로 볶는 거다. 줄리아 차일드와 프랑스의 스타 셰프 조에르 뷰송 가라사대~ 맛있는 라타투이를 만들기 위해서는 재료들을 따로따로 볶아라! 재료마다 조리 시간이 다르기 때문에 따로 볶으면 재료가 가진 각각의 맛을 최대한으로 끌어낼 수 있다.

이렇게 불로 맛을 끌어내려면 각 재료의 특징을 알아야겠지? 여기서 잠깐 생각해보자. 라타투이는 '전통적인 가정식'이라고 했다. 전통적이라면 지금처럼 하우스 재배를 하지 않았을 때부터 만들어 먹었다는 얘기다. 가정식이니 손쉽게 구할 수 있는 재료여야 했을 거고. 그렇다면? 아하~ 라타투이는 한 계절에 나는 것들로 만들었구나. 바로 여름의 재료들! 라타투이에는 보통 토마토, 가지, 파프리카나 피망, 주키니가 꼭 들어간다. 모두 여름철 야채다.

가지, 하면 '여름 가지'다. 달콤하고 맛있다. 가지의 90%는 수분이다. 수분이 많다는 건 조리할 때 눅눅해질 수 있다는 말이다. 열을 가하면 수분이 밖으로 나오니까. 또 스펀지 같아서 물이나 기름을 빨리, 많이 흡수한다. 그리고 흡수했던 것을 어느 시점에서 뱉어버린다. 그렇기 때문에 팬에서 볶을 땐 오일을 아주 적게 둘러야 한다. 왜 이렇게 오일이 없지? 하며 자꾸 넣으면 기름에 절인 가지가 될 수도 있다. 가지의 이런 특성 때문에 다른 야채와 같이 볶으면 다른 애들의 수분을 흡수해서 질척거리고 노릇하게 안 된다. 어떤 요리를 하든 가지는 되도록 따로 볶아주자.

우리는 보통 가지를 쪄서 가지나물을 해먹는다. 수분을 끌어내는 조리법이다. 그래서 가지를 떠올리면 물컹하고 미끄덩한 식감부터 떠오르는 거다. 가지를 싫어하는 사람들은 대부분 그래서 안 먹는다. 하지만 그건 조리법 때문이다. 가지는 순간적으로 열을 가해서 구우면 노릇해지면서 단맛이 강해진다. 그렇게 구운 가지는 씹었을 때 겉은 크리스피하고 안은 촉촉해져서 가지를 싫어했던 사람도 그냥 구워주기만 해도 가지에 대해 다시 생각하게 된다.
그럼 어떻게 구우면 맛있을까. 어떤 모양으로 자르든 어느 정도 두께감이 있어야 한다. 너무 얇으면 겉을 노릇하게 구웠을 때 속이 말라버리니까. 적어도 1cm 정도 두께로 자른다. 팬을 최대한 달구고 올리브오일을 아주 적게 두른 후 자꾸 뒤적이지 않고 느긋하게 기다리면 된다.

파프리카는 '비타민 캡슐'이라는 닉네임이 있을 만큼 비타민 덩어리다. 한 개만 먹어도 하루에 섭취해야 할 비타민C가 채워질 정도. 그런데 파프리카의 비타민은 수용성이어서 삶거나 데치면 빠져나간다.

하지만 불에는 강해서 잘 파괴되지 않는다. 가장 좋은 건 생으로 먹거나 기름에 볶거나 불에 구워서 먹는 거다. 물론 국물까지 먹는 스튜 종류는 괜찮다. 국물에 비타민이 녹아 있을지도 모르니 라타투이도 국물까지 전부 떠서 먹자!

여름 호박 주키니는 남아메리카 출신이지만, 이탈리아에서 발달시켜 요리에 많이 쓰이게 되었다. 열에 강한 게 특징이다. 주키니의 어린 꽃은 튀기거나 쪄서, 혹은 속을 채워서 요리하기도 한다. 우리의 라타투이에 넣을 주키니는 들었을 때 묵직하고, 단단하고, 너무 크지 않은 걸 고르도록 한다.

주키니는 클수록 섬세한 향이 없고 요리할 때 질척거리게 된다. 너무 크면 껍질이 거칠고, 속은 축축하고, 씁쓸한 맛이 난다. 어릴수록 더 부드럽고 12~15cm 정도가 맛있다고 하지만, 우리가 구할 수 있는 것은 대부분 20cm가 넘는다. 아쉬운 대로 제일 작은 녀석으로 고르자.

홀 토마토는 자르지 않고 통째로 들어 있는 것을 준비한다. 대형마트나 인터넷에서 구입할 수 있다.

라타투이에 필요한 마지막 재료는 프로방스의 향신료들이다. 월계수잎, 타임, 바질 등이 잘 어울린다. 여기서 하나, 라타투이의 클래식한 레시피는 향신료에 대해서 의견이 분분하다. 바로 바질 때문. 마치 우리나라에서도 "이것이 진짜 원조다!"라고 하는 것처럼 요리사들 사이에서도 마지막에 바질을 넣느냐, 넣지 않느냐는 논쟁이 있다. 그런데 바질이 토마토나 프로방스 야채와 잘 어울린다는 걸 생각하면 맛의 어울림에 대한 논쟁이라기보다 무엇이 오리지널이냐에 대한 얘기라고 볼 수 있을 거다. 그런 논쟁이 있기는 하지만, 우리는 바질을 좋아하면 넣는 걸로. 내 입에 맞는다면 넣지 않을 이유가 없으니까.

IN THE KITCHEN

만일 만들어둔 토마토소스가 있다면 그걸 쓰면 된다. 없다면 토마토소스를 끓이며 야채를 따로따로 볶을 거다. 볶은 야채는 바로 소스에 투하. 동시에 하는 건 생각만큼 어렵지 않다. 주키니, 가지, 파프리카랑 피망, 토마토, 딱 네 번만 하면 된다. 그마저도 귀찮다면 단단한 야채부터 한꺼번에 볶아주자.

필요한 것들

되도록 작은 주키니 1개, 가지 2개, 빨간색과 노란색 파프리카 각 1개, 초록색 피망 1개, 파프리카와 피망은 넣고 싶은 색을 선택해서 넣으면 된다. 홀 토마토 500g, 양파 1/2개, 마늘 3알, 토마토 2개, 올리브오일, 월계수잎 1장, 타임, 바질, 엑스트라버진 올리브오일 그리고 소금, 후추.

1 야채를 자른다

재료의 크기는 각자 정하자. 다만 너무 크지 않게 3cm 미만 정도로, 되도록 일정한 크기로 자른다. 한 냄비에 들어가는 재료의 크기는 일정하게 해주는 게 재료 자르기의 기본이다.

주키니를 도마에서 잘라보자. 일단 세로로 반을 자르고, 반 자른 걸 눕히고 다시 세로로 반을 자르자. 그리고는 적당한 크기로 뚝뚝뚝 자른다. 가지도 마찬가지. 하나를 잘라보면, 비슷한 것들은 응용할 수 있다. 우리는 조금씩 앞으로 나아가고 있다! 파프리카와 피망은 먼저 꼭지와 밑을 자르고 안에 있는 씨를 뺀다. 원통형이 되었지? 그 원통의 한쪽을 자르면 직사각형으로 쫘악 펴진다. 펼친 후에 3cm 정도의 네모로 자르는 거다.

생토마토는 4등분한다. 칼로 +자를 내고 살짝 데쳐서 껍질을 벗기면 좀더 깔끔하겠지만, 어렵고 번거롭게 느껴진다면 그냥 넣어도 된다. 양파는 찹찹찹하고, 다진 마늘을 준비한다. 홀 토마토 캔 뚜껑도 미리 따자. 이때 완전히 홀가분하게 분리되도록 따야 안전하다.

2 토마토소스를 끓인다

슬슬 불 옆으로 가볼까. 깊은 냄비를 가스레인지에 올리고 그 옆에는 팬을 올린다. 어떤 팬을 올리느냐. 주키니 하나를 넉넉하게 볶을 수 있는 크기의 팬. 주키니를 처음 잘라봤다면 놀랄 거다. 1개만 잘라도 양이 굉장히 많다.

자, 이제 준비 됐나요? Turn up the heat! 어떤 요리든 달궈질 때까지는 센 불로! 그런데 어디에 불을 켜지? 냄비부터~. 올리브오일을 살짝 두르고 양파 찹한 거랑 다진 마늘을 달달달 볶는다. 매운 향은 날아가고 양파가 투명해질 때까지. 살짝 노릇해도 상관없다. 노릇하게 익으면 맛있는 단맛이 나니까. 그리고 홀 토마토는 국물까지 전부 붓는다. 후두둑 쏟아버리면 사방에 튀니까 살살살 부어주기. 월계수잎, 타임을 넣고 바닥에 눌어붙지 않게 중간중간 저어주자.

3 야채를 따로따로 소테한다

우리는 재료의 맛을 최대한 끌어내기 위해 야채는 따로따로 볶기로 했다. 따로 볶는 다른 이유도 있다. 파프리카의 경우 지용성이기 때문에 볶았을 때 기름에 색이 배어나온다. 그럼 다른 야채에 색이 묻을 테고, 특히 가지는 그걸 쏙 빨아들일 거다. 어차피 스튜로 끓일 건데 싶겠지만 재료 각각의 텍스처나 맛이 다르니까 따로 맛있게 볶아서 끓이면 국물도, 야채도 당연히 더 맛있다. 마치 김치찌개를 그냥 끓이는 것보다 김치를 고기나 참치랑 같이 달달 볶아서 끓일 때 진한 맛이 나오는 것과 같다. 잡채 만들 때 재료를 하나씩 볶는 것도 같은 이유에서다.

재료를 볶아보자. 아니, 소테한다고 하자. 재료들을 각각 소테해볼까? 팬에 올리브 오일을 넣는다. 오일은 얼마나? 소테는 적은 양의 오일과 센 불! 모르겠다면 소테에

소테 Saute 소테란 팬에 기름이나 버터를 두르고 센 불에서 볶는 걸 말한다. 센 불이니까 조리 시간은 짧다. 그럼 팬 프라이Pan Fly와 뭐가 다를까? 요즘은 혼용해서 쓰기도 하지만 엄밀히 따지면 팬 프라이는 닭다리나 스테이크처럼 큰 조각을 뒤지개로 뒤집으면서 소테보다는 오래 굽는 걸 말한다. 소테는 조금 작은 조각을 토스Toss하면서 볶는 거다. 소테는 to jump라는 의미다. 재료들이 팬에서 점프점프점프! 리듬감을 상상해보자. 물론 나무주걱으로 가볍게 저어줘도 상관없다. 숙달되지 않은 상태에서 팬을 돌리면 재료들을 다 떨어지거나, 기름이 사방에 튀거나, 데일 수도 있다.

소테에서 가장 중요한 건 '골든 브라운'이다. 재료를 볶을 때 그 재료에서 나오는 당분 같은 것들이 캐러멜라이징되면서 노릇노릇하게 익는 걸 말한다. 그래서 팬을 최대한 뜨겁게 해서 센 불로 볶는 거다. 약한 불로 볶으면 재료의 숨이 죽으며 즙이 다 빠져나오고, 그 수분 때문에 노릇하게 하는 데에 훨씬 오래 걸리고, 오래 걸리면 재료의 텍스처가 다 무너지게 되니까.

소테는 딱 세 가지만 기억하면 된다.
약간의 기름이나 버터, 작은 조각, 센 불에서 짧게 골든 브라운으로.

대한 아래의 설명을 찬찬히 읽어보자.

주키니, 가지, 파프리카, 토마토 순으로 볶을 거다. 일단 소스가 끓고 있는 냄비를 보자. 처음과 비교해서 3분의 2 정도 남았을 때가 소테한 주키니를 넣는 타이밍. 때가 되었다면 주키니를 팬에 올리고 소금 살짝, 후추 살짝, 다진 마늘 약간. 항상 모든 재료는 각각 밑간을 한다. 볶으면서 그 맛이 재료에 배면 더 맛있으니까. 노릇하게 골든 브라운이 되면 소스가 끓고 있는 냄비에 주키니를 붓는다. 자칫하면 토마토가 튀니까 조심해서 넣자.

다음은 가지를 소테하자. 가지는 수분을 빨리 흡수하기 때문에 약불에서 시작하면 노릇하게 구워지지 않는다. 주키니를 볶은 팬 온도가 조금 내려갔을 테니 온도가 올라올 때까지 기다렸다가 올리브오일 조금 넣고, 가지 넣고 또 소금 후추 마늘. 스펀지 같은 가지에 속아 올리브오일을 많이 넣는 일만 조심하면 된다. 가지는 센 불로, 수분이 나올 틈을 주지 말고 후루룩 볶아서 노릇해지면 냄비에 넣는다. 이제 골든 브라운 색깔의 원피스만 봐도 냄비에 넣고 싶어질지도 모른다.

골든 브라운Golden Brown 재료들을 굽거나 볶을 때 시각으로 확인할 수 있는 맛의 색깔이다. 어떤 셰프는 팬 앞의 요리사들 뒤에 서서 골든 브라운을 종일 외쳐대기도 한다. 재료들을 맛있는 황금으로 바꿔주는 미다스의 손이 되어야 하는 것이다. 이 색깔은 불이 너무 세도, 혹은 너무 약해도, 재료의 성격보다 조리 시간이 길어도 안 나온다. 겉이 맛있는 노릇함으로 살짝 바삭해지면서, 안의 수분이 구수한 향으로 가둬지는 것. 그것이 골든 브라운이다.

파프리카와 피망은 한꺼번에 넣고 소금 후추 마늘. 다른 야채보다는 살짝 볶자. 색을 예쁘게 유지하도록. 마지막으로 토마토를 소테한다. 그런데 왜 토마토를 마지막에 볶을까? 팬이 더러워지니까! 토마토부터 볶으면 중간에 설거지를 해야 한다. 그건 귀찮으니까 팬 한 개로 끝낼 수 있게 순서를 잘 짜야 한다. 올리브오일에 다진 마늘을 먼저 볶다가 토마토, 소금 후추를 한 후 냄비로 투하.

4 뭉근하게 35분간 끓인다

재료를 모두 넣고 35분 동안 끓일 거다. 스튜니까 불은 약하게 둔다. 이제 월계수잎이랑 타임을 넣자. 지금 라타투이는 토마토소스와 야채의 수분으로 끓고 있다. 야채의 색이 살아 있는 것이 더 좋다면, 20분만 끓여도 된다. 중요한 건 자신의 취향이니까.

바질을 넣을 거라면 먹기 직전에 넣어주자. 더 강조하고 싶은 향은 어떤 요리든 완성되기 10분 전쯤에 넣자. 이렇게 해서 스튜가 완성되었다.

만약 오븐을 사용한다면, 오븐용 뚝배기나 된장 뚝배기에 토마토소스와 소테한 재료를 넣고 뚜껑을 덮어 익힌다. 온도는 120~140℃, 조리 시간은 30분. 물론 차가운 뚝배기라면 그릇이 데워지는 시간이 필요하니까 좀더 시간을 주고, 그릇의 두께에 따라서도 시간을 더 주어야 한다. 오븐은 간접열로 조리하는 기계다. 불로 바로 끓이는 것과 오븐에서 간접 열을 받아 만든 것과는 조금 맛이 다르다. 하지만 불에서도 얼마든지 맛을 끌어낼 수 있다.

레시피를 보면 왠지 모르게 복잡할 것 같지만 알고 보면 엄청 간단하다. 소스를 끓이고 재료를 잘 볶아서 넣으면 끝. 나머지는 시간과 불이 요리하는 거다.

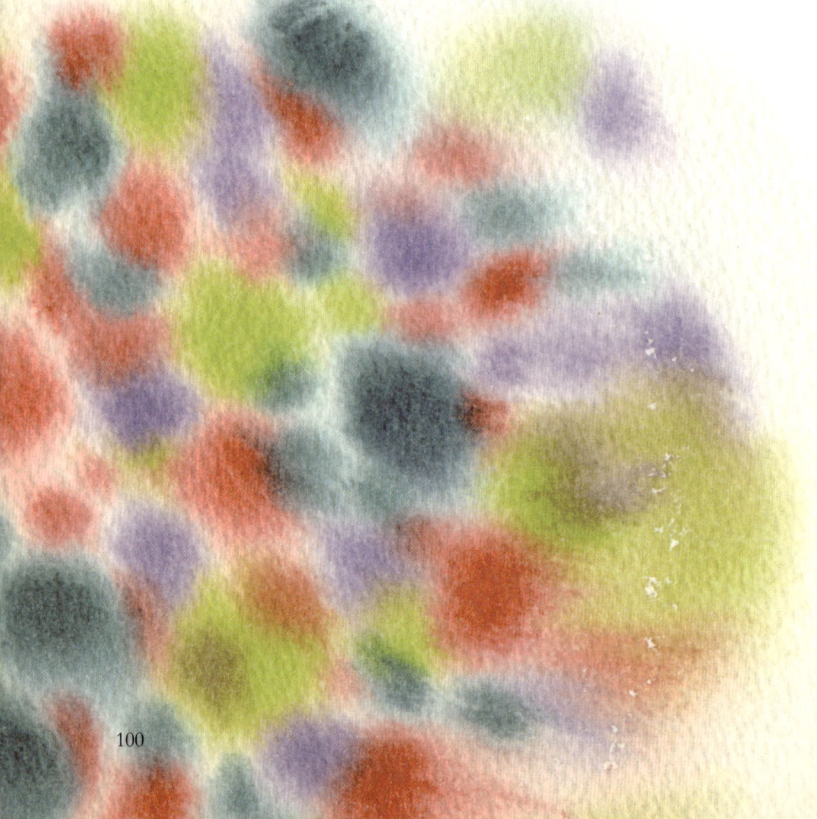

More Dishes 라타투이와 3일을 보내는 법

라타투이의 가장 큰 장점은 많이 끓여서 몇 번씩 나눠 먹을 수 있다는 거다. 냉장고에서 보관하면 오래 두고 먹을 수도 있다. 그럼 라타투이와 함께하는 3일을 계획해볼까?

첫째날, 부르스게타로 먹기 냉장고에서 라타투이를 꺼내자. 차가우니까 다시 데워야겠지? 자작하게 먹었던 것을 좀더 졸이며 볶아줄 거다. 팬에 라타투이를 넣고 노릇하게 볶는다. 이걸 빵에 올려 먹을 거다. 바게트 빵도 하나 사서 팬에서 노릇하게 굽자. 좀더 바삭하게 먹고 싶다면 버터를 조금 넣는다. 빵을 노릇하게 굽는 이유는? 첫째, 바삭하고 맛있으라고. 둘째, 따뜻하라고. 셋째, 겉이 바삭하지 않으면 빵이 라타투이 야채들의 수분을 흡수해서 눅눅해진다. 바삭한 바게트에 라타투이를 올리면 '부르스게타'로 변신한다. 부르스게타는 이탈리아의 오픈 토스트, 오픈 샌드위치다. 이걸 맛있게 먹으면 라타투이와 함께한 첫날이 마무리된다.

둘째날, 가니처로 곁들여 먹기 메인을 바꿔보자. 닭가슴살이나 흰 살 생선구이를 메인으로 두고 라타투이를 가니처로 함께 먹을 거다. 따뜻하게 데운 라타투이를 접시의 살~짝 오른쪽에 놓자. 닭고기나 생선이 메인이니까 가운데 자리를 양보한 거다. 메인인 녀석들을 라타투이에 살짝 기대서 놔주면 완성. 사람마다 접시 위 디자인은 다르겠지만, 메인을 가니처나 가니처로 가리는 오류를 범해서는 안 된다. 메인은 항상 메인처럼 보여야 한다. 예를 들어 라타투이 위에 작은 생선 스테이크 살을 올렸는데 그 위에 허브나 샐러드로 메인을 다 가리면 안 되는 거다. 만일 샐러드의 비중을 높이고 싶다면 살짝 옆으로 올리든 비스듬하게 올리든 해서 뭐가 메인인지 보여줘야 한다. 접시에서도 주인공이 누구인지 행인1, 2가 누구인지 정확히 하고 이야기를 담는 거다. 만든 사람만이 어제 먹은 부르스게타 위 라타투이라는 걸 안다. 먹는 사람은 잘 모른다. 뒤돌아 씨익 웃자.

셋째날, 토마토 수프와 쇼트 파스타 오늘은 얼려둔 치킨 브로스를 라타투이에 넣고 끓이자. 그리고 옆에서는 뭘 하냐. 마카로니나 푸실리, 팬네처럼 짧은 쇼트 파스타 익힌다. 몇 분 익히느냐. 그건 봉지에 써 있다. 파스타마다 익는 시간이 다르니까. 소금 넣고 올리브오일 넣고 봉지에 있는 조리법대로 삶자. 치킨 브로스를 넣은 라타투이는 토마토 수프 같은 느낌이다. 만일 토마토 맛을 좀더 내고 싶다면 토마토소스를 추가한다. 육수가 들어가 싱거워졌을 테니 소금을 조금 넣자.
어제 술을 많이 마셨다면 한 가지를 추가한다. 야채의 영양소만으로도 충분히 해장이 되지만 뇌에서는 뭔가 해장을 원한다. 해장하면 얼큰한 맛. 맵고 고운 고춧가루를 넣어보자. 나름 서양요리니까 고운 고춧가루로 잘 보이지 않게. 외국에서는 보통 파프리카 파우더를 쓰지만, 우리 입맛에는 어림도 없다. 어른의 맛이 안 난다. 이렇게 고춧가루를 넣으면 칼칼한 토마토 야채수프를 먹을 수 있다. 거기에 익힌 쇼트 파스타를 먹고 싶은 만큼 넣고, 바질이 있다면 손으로 살짝 뜯어서 올리고, 엑스트라버진 올리브오일을 위에 살짝 뿌린다. 혹 뿌리면 기름이 둥둥 뜨니까 깔끔하게 2~3방울만.

남은 라타투이로 토마토소스 만들기 우리의 라타투이 한 냄비가 3일째 변신이 끝냈다. 그런데 이렇게 열심히 먹었는데도 남았다면 홀 토마토를 한 캔 더 넣고 같이 끓인 다음 블렌더로 갈아주자. 야채맛이 풍부하고 영양소 가득한 토마토 소스가 된다. 소스는 지퍼백에 평평하게 잘 넣어서 냉동시키면 언제든 파스타나 토마토 홍합스튜를 만들 수 있다. 이 소스는 김치 라면과 떡볶이에 넣어도 잘 어울린다. 토마토는 매콤한 맛과 짝꿍이니까.

PLATE FOR YOU

라 타투처럼 클래식한 음식은 역사가 오래된 만큼이나 다양한 레시피가 존재한다. 사실 어떤 요리든 그렇다. 만드는 사람마다, 셰프마다 레시피가 다르다. 그러면 그 수많은 레시피 중에서 어떻게 내 레시피를 찾을 수 있을까.

한 번도 해보지 않은 새로운 요리를 한다고 치자. 요리책이나 블로그, 구글에서 여러 가지 레시피들을 쭈욱 훑어보자. 읽다 보면 이럴 수가! 어느 순간 공식이 보이기 시작한다. 어떤 재료는 항상 들어간다. 넣는 양이 변하기도 하지만 일정한 비율이 있다. 그게 그 요리의 키포인트다. 그러면 나머지는 조금씩 변형해도 상관없다. 키포인트를 지키면서 나만의 레시피로 변형하는 거다. 그런데 어설프게 대충 몇 개만 보고 "음~ 이렇게 하는 거구나. 그럼 이거 빼고 이거 넣어도 되겠네" 하면 요리를 망친다. 항상 숨어 있는 이야기가 있다. 비율이나 만드는 순서에도 오래된 이야기가 있기 때문이다.

이렇게 기본 공식을 찾아낸 후 그걸 바탕으로 재료를 넣고 빼며 자기만의 메뉴를 만드는 게 창작요리다. 빼지 말아야 할 것들을 빼면서 새로운 걸 만들면 특히 초보자의 경우 알 수 없는 요리를 할 가능성이 높다. 그러므로 신처럼 창조하는 게 아니라, 기본적인 클래식한 레시피에서 출발해야 한다.

한동안 퓨전요리가 유행했던 때가 있었다. 그런데 일부 요리사들이 기본을 두고 변형해야 한다는 사실을 간과하고는 무조건 새로운 것들을 이것저것 넣어 만들면서 고객들이 그 요리에 신뢰하지 못하게 되었다. 그러면서 퓨전요리라는 말은 레스토랑에서 서서히 사라졌다. 무분별한 남용은 창작이 아니라 실험이다. 물론 집에서 가족들이나 친구들과 해먹는 건 상관없지만, 지나치면 주변 사람들이 떠나서 외로워질 수도 있다. 그러니 기본에 바탕을 두고 변형하며 나만의 레시피를 만든다는 마음가짐은 잊지 않았으면 한다.

둥근 접시에 라타투이를 담고 엑스트라버진 올리브오일을 세 방울쯤 뿌린 후, 프레시 바질을 얹는다. 바게트를 노릇하게 토스트해서 곁들여 먹어도 맛있다.

미지근한 상태로 먹지 말자.
뜨겁게 먹으려면 확실히 뜨겁게, 차갑게 먹으려면 차갑게 먹자.

CLASS 7
시간을 거슬러 돌아온 것들

연어 스테이크와 대파 크림스튜
Salmon Steak with Leek Cream Stew

무언가를 하지 않으면 아무 일도 일어나지 않는다.
아무 일도 일어나지 않는 것이 평화로운 건 아니다.
평화롭다는 것은, 마음이 자연스럽게 흘러가는 것이고,
그 물결들이 조금씩 진짜 자신의 모습으로 데려다주는 것이다.
연어가 강에서 바다로 나가는 이유를 알 듯도 하다.

HEART OF FOOD

시간을 거슬러 돌아온 연어 스테이크와 대파 크림스튜가 어떤 맛일지 상상해 볼까? 노릇노릇하고 바삭하게 구워진 연어 껍질에 포크를 대보자. 바삭한 소리가 느껴진다. 껍질을 깨고 연어 살을 자른 뒤 크림소스가 배인 대파를 얹어 한입에 먹으면, 바삭한 껍질이 씹히고 부드러우면서도 달콤한 대파의 향이 입안 가득 퍼진다. 익숙하고도 그리운 향이 느껴질 거다.

오늘은 평소 훈제로 자주 먹었던 연어를 스테이크처럼 팬 프라이 Pan Fry 할 거다. 소테와 뭐가 다르다고 했었지? 기름의 양, 불의 세기, 재료의 크기! 그리고 대파의 익숙한 맛에 치킨 스톡으로 푹 익혀 크림을 더하는 외국식 요리 테크닉으로 새롭지만 부담 없이 먹을 수 있는 요리를 만드는 거다.

레스토랑에서 사람들이 연어 스테이크를 잘 안 먹는 첫번째 이유 말고, 두번째 정도 이유는 '연어 스테이크는 퍽퍽해'라는 생각에서다. 첫번째 이유는? 외식이라고 하면 고기이기 때문이다. 생선 메인은 어쩐지 허전하게 느껴진다.

사실 연어 스테이크는 미디움으로 먹는 게 가장 맛있다. 생선 미디움은 미퀴이 Mi cuit라고 부르는데, mi는 '중간의' cuit는 '익힌, 구운'이란 뜻이다. 미퀴이는 가운데가 분홍빛이 돌고 생선구이가 아닌 촉촉하게 즙과 함께 먹을 수 있는 상태다. 레스토랑에서 미퀴이로 구워달라고 주문할 수도 있다.

우리는 서양에 비해 회를 즐겨 먹는 문화여서, 살아 있는 신선한 생선은 회로 먹고 나머지는 염장하거나 말려서 구워먹는다. 그래서 생선구이를 먹을 때는 바짝 구워 먹는 것에 익숙하다. 하지만 회로 먹을 수 있는 신선한 생선은 덜 익혀서 구워 먹는 게 촉촉하고 맛있다.

우리는 회로 먹을 수 있을 만큼 싱싱한 연어로 스테이크를 만들어보자. 연어는 보통 잘 손질된 상태로 판매된다. 살을 눌렀을 때 탱탱하고 누른 부분이 바로 원상태로 돌아와야 신선한 거다. 비린내가 없어야 하고 만졌을 때 끈적거리면 안 된다. 껍질을 벗기지 않고 손질해놓은 게 있다면 냉큼 장바구니에 넣자.

여기서 잠깐, 껍질보다 중요한 게 있다. 훈제하지 않은 스테이크용 생연어를 사자. 연어는 훈제된 것과 스테이크용이 있다. 훈제 연어로도 스테이크를 만들기도 하지만, 훈제했다는 건 연기로 한 번 익혔다는 거고 그걸 구우면 맛이 섞이게 된다.

연어의 제철은 산란기 직전인 9~10월이다. 산란을 한 후에는 모습도 일그러지고, 색도 어두워진다. 되돌아오는 길이 힘들었던 거다. 하지만 우리가 쉽게 살 수 있는 대부분의 연어는 양식이어서 제철이 큰 의미가 없기는 하다. 연어의 살은 크릴새우나 갑각류를 잡아먹으면서 분홍색 아스타크산틴Astaxanthin이 몸에 쌓이며 붉은빛을 띠게 되는데, 이것은 천연 항산화물질로 노화를 방지해준다. 하지만 모든 연어 살이 붉은 건 아니다. 혹여 오렌지빛으로 색깔이 연한 애를 만나더라도 연어라고 불러주자. 연어에는 잘 알려져 있듯이 뇌에 좋은 오메가3와 비타민D도 많다.

대파는 더위와 추위에 강하다. 그래서 우리나라처럼 사계절이 있는 곳에서 재배하기 쉽다. 우리 음식에 많이 들어가는 재료이지만, 서양에서는 우리만큼 많이 쓰지는 않는다. 대파는 몸을 따뜻하게 해서 위장기능을 도와주고, 자극적인 냄새와 매운맛을 내는 황화아린 성분이 소화액을 분비시켜 식욕을 돋워준다. 또 뇌세포 발달과 백내장 예방, 해열과 지혈 효과도 있다. 이제 보니 연어의 오메가3나 대파의 성분이 모두 뇌에 좋네? 오호라. 연어 스테이크와 대파 크림스튜를 먹으면 똑똑해질 수 있지 않을까?

IN THE KITCHEN

연어를 구우며 대파 크림스튜를 함께 만들 거다. 나 자신을 의심하지 말자. 우리는 토마토소스를 끓이며 동시에 소테도 해봤다.

필요한 것들

연어는 훈제가 아니라 스테이크용인지 반드시 확인한다. 올리브오일, 버터 10g, 소금, 후추. 스튜에는 대파 5뿌리, 치킨 스톡이나 브로스 200㎖, 생크림 100㎖, 레몬 웨지와 버터 10g, 월계수잎 1장. 핑크페퍼 홀이 있다면 플레이팅할 때 뿌려주자.

1 연어와 대파를 손질한다

껍질이 없는 연어도 스테이크로 구울 수 있다. 하지만 우리는 바삭바삭을 노려야 하니까 껍질이 있는 연어를 구울 거다. 비늘이 있다면 칼로 비늘의 결 반대 방향으로 긁어 제거한다. 그리고 십＋자로 예쁘게 칼집을 내주자. 칼집은 생선껍질을 구울 때 섬유 단백질이 오그라들면서 뒤틀리는 것을 완화하고, 열전도율을 높여준다. 생선뿐 아니라 육류, 가금류에 칼집을 내는 것도 이 때문이다. 무엇보다도 껍질이 노릇하게 구워진 십자 모양은 예쁘다! 뭔가 손길이 한 번 더 간 것처럼 느껴지고 맛있어 보인다. 앞으로 우리는 맛있는 생선껍질에는 십자 표시를 하자. 암호처럼.

키친타월 같은 것으로 연어의 물기를 톡톡 닦아준다. 물기가 있으면 소금 후추로 시즈닝할 때 다 녹아버려서 간이 제대로 안 되고, 팬에 넣을 때 기름이 많이 튄다. 그러면 생선 굽는 게 무서워진다. 그러니 잘 닦은 후 소금과 후추를 골고루 뿌리자. 대파는 흰 부분만 7cm 정도로 자른다. 가니처는 홀수로 담는 게 일반적이다. 물론 지키지 않아도 된다. 살다 보면 우리도 모르게 하고 있는 일들이 있다. 약속한 것도,

학교에서 배운 것도 아닌데 그렇게 하지 않으면 어색한 것들 말이다. 홀수는 음양오행에서도 양의 수로 길하게 여겨졌으니, 어쩌면 그런 이유일 수도!

2 대파 크림스튜를 끓이기 시작한다

연어를 구울 팬과 대파 크림스튜 끓일 팬을 한 번에 올린다. 두 가지를 동시에 하는 것은 시간을 절약하고, 맛있는 것을 빨리 먹기 위해서다. 스튜부터 시작하자. 팬에 치킨 스톡을 붓고 월계수잎, 대파를 넣고 소금과 후추를 살짝 해준다. 불이 너무 세서 팔팔팔 끓으면 대파가 여러 결로 분리되는 불상사가 일어나니 작은 방울이 뽀로로 올라올 정도의 약한 불을 유지하자. 스튜는 낮은 온도에서 끓이는 거니까.

치킨 스톡이 없다면 물을 넣는다. 좀더 복잡한 맛을 내고 싶다면 드라이한 화이트와인을 넣어도 좋다. 청하도 잘 어울리니 대신할 수 있다.

3 연어 스테이크를 굽기 시작한다

스튜가 끓고 있는 팬 옆에서 연어를 굽자. 올리브오일을 두르고 팬을 충분히 달군다. 어떻게 확인하느냐. 연어를 살짝 팬에 대봤을 때 맛있게 지글거리는 소리가 나면 넣어도 좋다는 얘기다. 연어 껍질이 바닥에 닿도록 팬에 놓는다. 약한 불에서 중간 정도로 조절한다. 껍질이 바삭해지면서 살 부분으로 온도가 전달되도록 구워야 한다. 껍질이 먼저 타버리는 일이 없도록 불을 줄여가며 익히는 데 집중하자. 껍질부터 익히는 건 바삭함이 두번째 이유고, 첫번째는 살에 열이 직접 닿지 않도록 하기 위해서다. 생선살은 연하기 때문에 센 불에서 노릇하게 익혀버리면 드라이해진다. 하지만 껍질을 사이에 두고 간접적인 열로 익히면 훨씬 부드러워진다.

껍질부터 구우면 껍질 쪽 단백질이 오그라들면서 구부러진다. 그러면 껍질이 팬에 더 닿을 수 있게 집게로 살포시 눌러준다. 생선은 굉장히 예민하기 때문에 세게 누르면 부서지니까 살살 다뤄주자.

4 대파 크림스튜을 마무리한다

대파가 끓고 있다는 걸 잊지 않았겠지? 스테이크를 굽는 동안에도 스튜를 봐야 한다. 작은 칼로 대파를 살짝 찔러보자. 부드럽게 들어가면 생크림을 넣고 살짝 졸이다가 소금으로 간을 하고 레몬즙을 넣는다. 그리고 다시 맛을 보자. 소금으로 간을 한 크림이 레몬즙과 만나면 어떤 맛으로 변하는지 기억해두자. 맛은 사진으로 찍을 수 없으니 마음으로 기억해야 한다. 살짝 되게 흐를 정도로, 약 2/3 정도로 줄어들면 불을 끄고 버터를 투하. 잘 섞이도록 젓는다. 너무 센 불이거나 오래 끓이면 버터와 크림이 분리되어버린다. 핑크페퍼 홀을 손으로 살짝 부수면서 뿌리면 완성이다. 혹여 파가 결대로 분리되었다면 일부러 의도한 것처럼 차곡차곡 쌓아서 접시에 올리면 된다. 모양이 망가졌다면 아예 갈아버리자. 그럼 대파 크림소스가 된다.

5 연어를 뒤집어 익힌 후 마무리한다

스튜를 돌보던 사이 연어는 껍질에서 살 쪽으로 조금씩 익어갈 테다. 껍질이 노릇해지고 3분의 1 정도 익은 게 보이면 버터를 한 조각 넣고 옆쪽을 익힌 후 껍질이 위

로 올라오도록 뒤집는다. 옆면에도 노릇하게 구워진 맛을 입혀줘야 하니까, 옆면 굽기를 잊으면 안 된다. 아까 껍질 쪽을 익힐 때 버터를 넣지 않은 건 껍질이 바삭해지기도 전에 타버리기 때문이다. 그러니까 살 쪽을 익힐 때 버터를 넣어주는 걸로. 그러면 연어 살은 버터의 향과 함께 더 노릇하게 구워진다.

연어 스테이크는 미쿠이로 먹는 게 맛있다. 웰던으로 익히면 퍽퍽해지고 살이 부스러진다. 안쪽이 살짝 발그레할 정도로 익혀 먹자. 껍질이 노릇하게 구워질 때쯤이면 1/3정도 익었다고 예측하면 된다. 옆면을 익히기 전에 눈으로 확인할 수도 있다.

PLATE FOR YOU

스 튜를 좀더 강조하고 싶다면 크림을 더 넣는다. 접시에 놓을 때 대파를 올리고, 크림소스를 스푼으로 살짝 부어주면 된다. 레스토랑처럼 한쪽에만 그려주듯이 소스를 뿌리고 싶다면, 스푼을 잡을 때 뒤쪽이 아니라 스푼의 둥근 부분에 가깝게 바짝 잡아야 한다. 물리적인 원리다. 가까울수록 디테일하게 양을 조절하며 소스를 그릴 수 있다.

연어스테이크는 감자 매시와도 잘 어울린다. 접시 가운데에 감자 매시를 부드럽게 깔고 연어를 올리거나, 비네그레트 드레싱 샐러드 위에 올려 연어 스테이크 샐러드처럼 먹을 수도 있다. 우리가 만들었던 라타투이도 함께 먹으면 좋다.

좋은 꽃소금이 있다면 연어 스테이크 껍질 위에 한두 개 정도 올려도 좋다. 결정체가 커서 눈에 보이는 소금이어야겠지? 스튜에 뿌리면 다 녹으니까 껍질 중에서도 가장 건조한 부분에 올린다. 껍질과 함께 소금이 아삭 씹히면 밋밋했던 맛이 살아난다. 단 소금은 당신의 요리를 믿어주는 사람의 접시에만 올린다. 안 그러면 의도한 건지 모르고 짜다고, 소금이 안 녹았다고 생각할 수도 있으니까.

핑크페퍼 홀은 부드럽게 스파이시하면서도 아련한 단맛이 난다. 담백한 요리에 주로 쓴다. ─

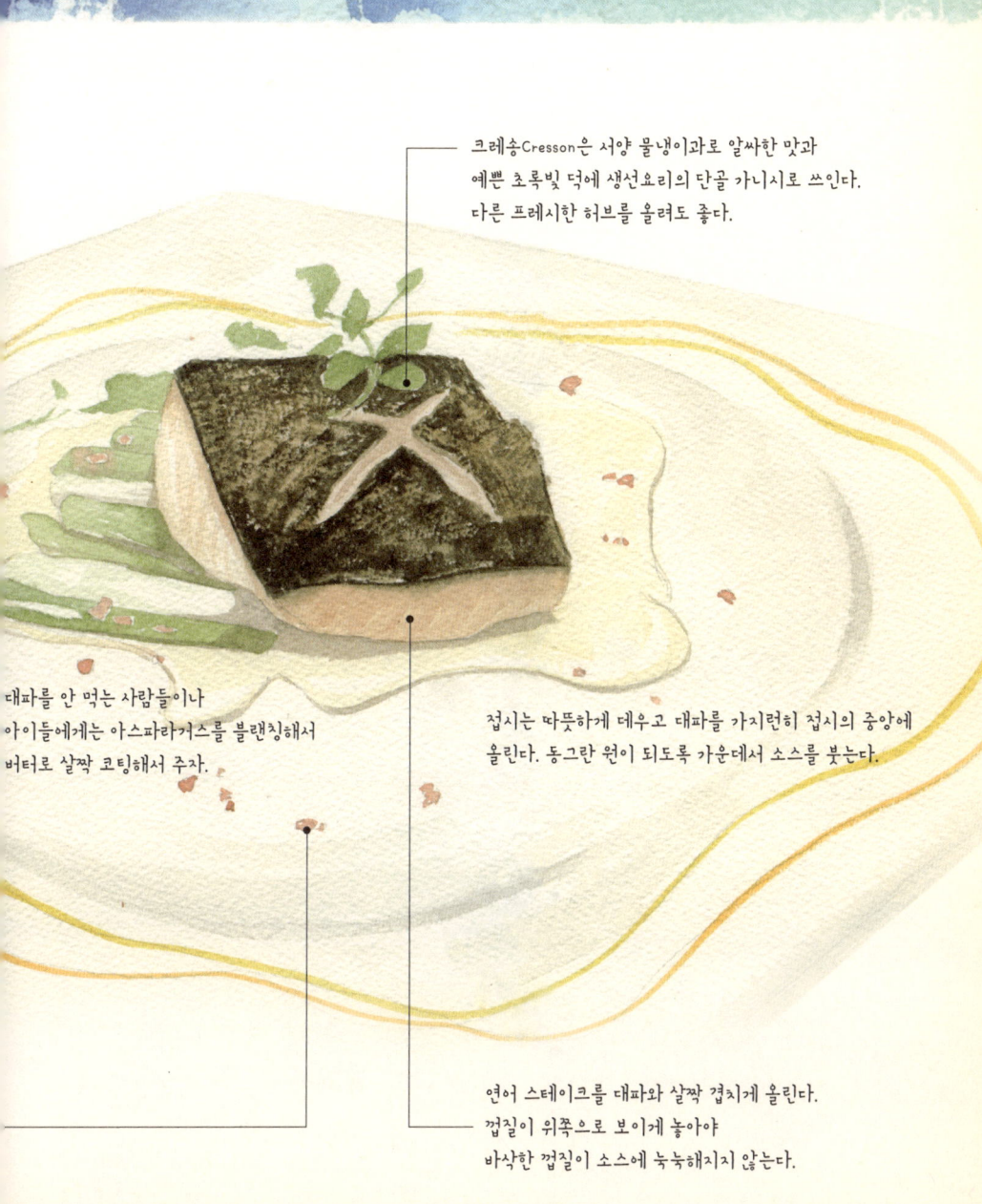

크레송 Cresson은 서양 물냉이과로 알싸한 맛과
예쁜 초록빛 덕에 생선요리의 단골 가니시로 쓰인다.
다른 프레시한 허브를 올려도 좋다.

대파를 안 먹는 사람들이나
아이들에게는 아스파라거스를 블랜칭해서
버터로 살짝 코팅해서 주자.

접시는 따뜻하게 데우고 대파를 가지런히 접시의 중앙에
올린다. 동그란 원이 되도록 가운데서 소스를 붓는다.

연어 스테이크를 대파와 살짝 겹치게 올린다.
껍질이 위쪽으로 보이게 놓아야
바삭한 껍질이 소스에 눅눅해지지 않는다.

CLASS 8
이탈리아의 색을 입히다

전복 리소토 Abalone Risotto

우리에게 가장 익숙한 음식, 밥에
이탈리아의 색을 입히면 리소토가 된다.
우리에게 가장 따뜻하고 그리운 맛에
이탈리아의 풍미를 담으면 전복 리소토가 된다.
오랜만에 찾아뵙는 어머니에게,
마음을 다친 친구에게 따뜻하게 끓여주는 전복죽처럼
마음을 담아 시간을 들여 만드는 메뉴가 전복 리소토다.
사랑한다는 말이 좋아한다는 의미일 수도
자신의 모든 것을 건다는 의미일 수도 있듯이
나에게는 전복도, 쌀도
'당신은 소중한 사람입니다'라는 의미다.

HEART OF FOOD

리소토는 이탈리아인들의 밥이다. 밥을 반찬과 같이 먹는 게 우리 문화라면, 외국은 쌀 자체에 조미를 하고 재료를 넣어서 한 접시의 음식으로 먹는다. 밥의 공식은 물과 불, 쌀의 조화다. 여기서 물 대신에 스톡을 넣고, 그냥 불이 아니라 센 불에 쌀을 소테하며 저어주는 힘으로 만드는 게 리소토다. 그리고 하나 더! 재료들을 입맛과 의도에 맞게 선택하는 상상력이 더해지면 맛있는 리소토의 공식이 탄생한다. 우리의 밥이 어떤 반찬과 먹어도 다 맛있듯 리소토에 어울리는 재료도 almost anything이다. 상상하는 대로 만들 수 있다는 얘기다. 밥 없이 살 수 없는 우리에게 익숙한 듯하면서도 특별한 일상 같은 음식이 바로 리소토다.

이탈리아의 정찬은 안티파스토(전채요리), 프리모 피아토(첫번째 접시), 세콘도 피아토(육류나 해산물 메인요리), 콘토르노(곁들임 채소), 포르마지오(치즈), 돌체(디저트)의 코스로 구성되는데, 리소토는 파스타와 함께 프리모 피아토 순서에 들어간다. 탄수화물로 코스의 균형을 잡아주는 거다.

리소토를 우리 음식과 비교하자면 볶음밥과 죽의 중간 정도랄까. 죽도 리소토 만드는 방법으로 끓여보면 풍미나 맛이 크게 달라진다. 수분이나 불을 어떻게 쓰느냐에 따라 텍스처가 달라지고 요리가 달라지기 때문이다. 한입 먹었을 때 쌀알이 살아있으면서도 전분과 재료가 하나로 어울려 한 접시의 요리 전체를 대변해주는 것이 좋은 리소토다. 쌀 따로, 재료 따로 노는 느낌이 든다면 실패작.

리소토의 주재료는 당연히 쌀이다. 쌀은 크게 일본 계열의 자포니카 쌀과 인도 계열의 인디카 쌀, 두 종류로 나뉜다. 자포니카 쌀은 비가 많이 내리고 햇빛도 강한 온대 기후에서 자란 쌀이다. 인디카 쌀은 길고 끈기가 적다. 인도 쌀이 대표적이다.

쌀은 아밀로스와 아밀로펙틴이라는 포도당 성분으로 되어 있는데, 아밀로스의 함량이 낮고 아밀로펙틴의 함량이 높을수록 끈기가 많아진다. 우리가 밥을 짓는 멥쌀은 아밀로스가 20% 아밀로펙틴이 80% 정도이고, 찹쌀은 아밀로펙틴이 거의 100%다. 리소토를 만드는 이탈리아 쌀은 멥쌀과 찹쌀의 중간 정도인데, 위키피디아에는 'high 아밀로펙틴, low 아밀로스'라고 되어 있다.

리소토는 이탈리아의 쌀 재배 중심지인 북부의 포Po강을 중심으로 발달했다. 이 지역의 쌀은 적은 양의 물로도 빨리 익고, 전분을 많이 내놓아 크리미한 텍스처를 느낄 수 있다는 게 특징이다.

이탈리아 쌀은 쌀알의 가로세로 비율에 따라 리소 코뮨Riso Comune, 리소 세미피

노Riso Semifino, 리소 피노Riso Fino, 리소 수퍼피노Riso Superfino 네 가지로 나뉘고 쓰이는 용도도 구분되는데 리소 피노와 리소 수퍼피노가 리소토로 쓰인다.

이 중 리소토에 쓰이는 가장 일반적인 쌀 품종은 비알로네 나노Vialone Nano(리소 피노), 아르보리오Arborio(리소 수퍼피노), 카르나롤리Carnaroli(리소 수퍼피노), 발도 Baldo(리소 수퍼피노) 등이다. 이 쌀들은 아밀로펙틴 함량이 높다는 게 공통된 특징. 리소토에서 가장 중요한 크리미한 농도를 아밀로펙틴이 만들어주기 때문에 쓰인다. 이 때문에 쌀을 씻지 않고 요리한다. 전분을 조금이라도 물에 뺏기지 않고 팬에서 작용하게 하기 위해서다.

정리해보면 리소토에 쓰이는 이탈리아 쌀의 포인트는 '적은 수분으로도 빠르게 조리된다(보통 18분 안에 끝난다), 수분을 흡수하면서 전분을 내뱉어서 부드러운 농도를 만든다'로 요약할 수 있다. 이탈리아 쌀로 요리할 것도 아닌데 왜 이런 이야기를 할까? 오리지널의 핵심을 정확히 알고 있어야 다른 쌀로 응용하더라도 리소토라고 부를 수 있기 때문이다.

밥으로 먹던 쌀을 다른 방식으로 요리하는 건 너무나 익숙한 것에서 새로운 모습을 발견하는 것과 같다. 오랜 시간을 함께 보낸 사람이라도 저마다 다른 모습을 품고 있다. 그래서 때로 다른 장소에서 다른 방식으로 만날 필요가 있는 것이다. 우리는 아밀로펙틴이 많은 현미찹쌀과, 쌀알이 살아 있는 현미를 섞어서 이탈리아의 색을 입힐 거다. 현미 특유의 고소함과 탱글탱글한 섬유소를 살려서!

멥쌀의 도정 정도에 따라 탈곡만 해서 쌀눈과 껍질까지 남겨놓는 게 현미, 하얗게 완전히 벗겨내는 게 백미다. 찹쌀도 그래서 흰 찹쌀이 있고, 현미찹쌀이 있다. 현미는 껍질로 싸여 있으니 백미보다 더 수분을 많이 먹고 시간도 오래 걸리지만 싹이 트는 생명력을 가지고 있다. 자연에 가까운 현미는 무기질이나 섬유소, 비타민이 풍부하고 에너지 대사를 높여준다. 또 콜레스테롤을 낮추고 체내에 늦게 흡수되므로 성인병 예방과 식이요법에 좋다.

이제 리소토의 색깔을 결정할 재료를 선택할 차례다. 리소토를 만들 때는 주재료 하나로만 승부해도 되고, 주재료를 고른 다음 그것과 어울리는 재료를 하나 더 선택해도 된다. 그리고는 스톡을 정하고, 허브를 정하고, 크림을 넣을지 토마토소스를 넣을지 그대로 쌀의 크리미한 맛을 즐길지 정하면 나만의 레시피를 만들 수 있다. 오늘은 전복 하나만으로 리소토를 만들어보자.

늦은 봄에서 초여름의 전복은 단단하고 쫄깃하다. 조개류 중 수분이 많아 상하기 쉬우니, 건드려서 오므라드는 것을 확인하자. 내장이 초록색인 것이 수컷이고, 노란색인 것이 암컷이다. 바다의 산삼이라고 불리는 만큼 몸에 좋은 영양이 풍부하다. 비타민, 칼슘, 미네랄과 함께 콜레스테롤을 낮추고 혈관계질환을 예방하는 타우린 성분, 정력을 강화해주는 아르기닌 성분이 많다. 그래서 피로하고 허약할 때 전복죽을 먹는 거다.

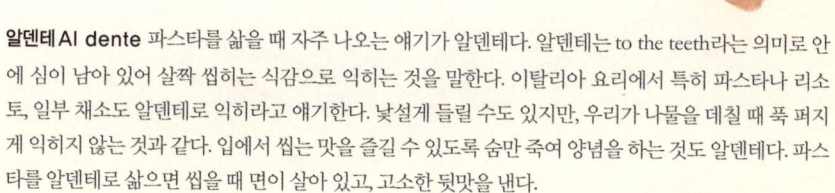

알덴테 Al dente 파스타를 삶을 때 자주 나오는 얘기가 알덴테다. 알덴테는 to the teeth라는 의미로 안에 심이 남아 있어 살짝 씹히는 식감으로 익히는 것을 말한다. 이탈리아 요리에서 특히 파스타나 리소토, 일부 채소도 알덴테로 익히라고 얘기한다. 낯설게 들릴 수도 있지만, 우리가 나물을 데칠 때 푹 퍼지게 익히지 않는 것과 같다. 입에서 씹는 맛을 즐길 수 있도록 숨만 죽여 양념을 하는 것도 알덴테다. 파스타를 알덴테로 삶으면 씹을 때 면이 살아 있고, 고소한 뒷맛을 낸다.

IN THE KITCHEN

리소토는 파스타처럼 살짝 알덴테로 익히는 게 좋다. 그러면 자칫 많이 익혀도 입에서 씹히는 맛을 살릴 수 있어 요리를 망칠 확률이 적다.

필요한 것들

현미찹쌀과 현미 섞은 것 1/2컵, 두 명이 먹을 양이다. 너무 적은 것처럼 느낄 수도 있지만, 리소토는 조금만 먹으면 더 맛있는 요리다. 1/2컵은 1.5인분 정도다. 화이트와인 100㎖, 치킨 스톡이나 브로스 1ℓ, 없거나 모자라면 물을 써도 된다. 쌀이 다 익을 때까지 필요하다. 양파 찹 2Tbsp, 버터 10g, 되도록 큰 전복 1개, 화이트와인 15㎖, 양파 찹 1Tbsp, 버터10g. 마무리 재료는 이탈리안 파슬리 찹, 그라나파다노 혹은 파르메산 치즈 20g, 버터 15g.

1 쌀과 전복 등의 재료를 준비한다

전복의 몸통과 옆면의 까만 부분은 비린내가 날 수 있으니 깨끗한 솔 혹은 철수세미로 문질러서 씻어준다. 너무 박박 문질러 살이 상하지 않게 하자. 전복 껍질과 살 사이에 숟가락을 넣어 돌려주면 살과 껍질과 쉽게 분리된다. 굴이나 전복 등의 껍질을 분리하는 조개용 칼(오이스터 나이프)도 있지만, 익숙하지 않다면 전복 살과 우리의 손가락을 위해서라도 숟가락을 쓰는 게 가장 안전하다.

분리한 전복에 녹색 혓바닥 같은 게 있을 텐데, 그게 전복의 내장이다(노란색일 수도 있다!) 절대 버리지 말고 터지지 않게 잘 분리하자. 우리의 전복 리소토에는 전복이 딱 1개가 들어가지만, 내장을 넣어 10개를 넣은 듯한 향을 내려고 한다. 완성된 리소토는 내장 색깔 덕에 연둣빛이 날 거다. 몸통의 두꺼운 부분에 살짝 튀어나온 부분을 보면 전복 이가 있다. 칼로 잘라주자. 전복 살은 원하는 두께로 슬라이스하고, 전복 내장은 소금 2핀치와 화이트와인을 넣고 갈아놓는다.

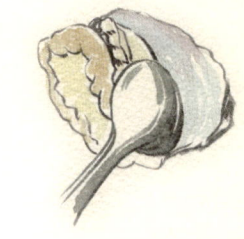

현미와 현미찹쌀을 씻은 후 체에 받쳐 물기를 뺀다. 팬에서 스톡으로 불려줄 거니까 물에 담가두지 않기. 양파는 찹찹찹해주고, 그라나파다노 치즈는 갈아둔다. 치킨 스톡을 데우자. 살짝 데우면 쌀에 흡수가 더 잘된다. 전자레인지에 돌리거나, 냄비에 붓고 미지근하게 데워 준비한다.

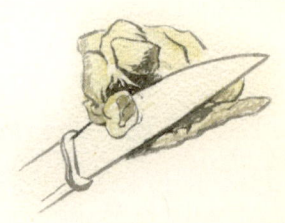

2 쌀에 화이트와인을 붓고 볶는다

쌀이 불어날 것을 감안해서 넉넉한 팬을 불에 올린다. 쌀들을 만만하게 보고 작은 팬을 쓰거나, 너무 많이 채우면 놀랄 거다. 젓지 못하는 사태가 벌어질 수도 있으니 주의하자.

팬이 달궈지면 버터 한 조각 투하! 버터가 한 번에 확 녹지 않고, 연기도 나지 않고, 보글보글 지글지글거릴 때 양파 참 투하! 볶아주다가 양파가 투명해지고 달콤한 향이 나면 체에서 물기를 뺀 쌀을 투하! 화이트와인을 한 컵 더 따라서 붓고 와인이 다 날아가도록 볶는다. 이때 와인은 날아가서 사라지는 게 아니라 쌀이 먹는 거다.

와인의 역할은 쌀을 더 탱글탱글하게 해주고, 복합적인 맛을 준다. 넣었을 때와 안 넣었을 때 맛의 차이가 크다.

3 치킨 스톡을 부으며 쌀을 익힌다

화이트와인이 어느 정도 날아가면, 이제부터는 쌀과 잘 지내야 한다. 최소 20분 정도 볶아줄 거다. 이렇게 해보자. 데워놓은 스톡을 자작할 정도로 한 국자 넣고 익힌다. 스톡이 거의 흡수되면 다시 한 국자 넣고 저으면서 익히기를 반복한다. 전분이 나오도록 나무주걱으로 잘 저어야 크리미한 리소토를 먹을 수 있다. 언제까지 볶느냐, 쌀이 80% 정도 익을 때까지. 현미와 현미찹쌀은 멥쌀보다 익는 시간이 길지만, 맛이나 영양을 따지려면 기꺼이 투자해야 한다. 불은 중간 불이다. 너무 세면 쌀알이 스톡을 흡수하며 익는 게 아니라 스톡이 끓어서 증발해버린다. 우리의 목적은 열과 저어주는 물리적인 힘을 이용해서 쌀이 스톡을 먹고 전분을 뱉게 하는 거다.

볶는 중간부터 소금을 조금 뿌린다. 두 번 정도만 살짝 간을 해주고, 완성 직전에 마지막 간을 할 거다. 수분이 계속 들어가고, 덜 익은 상태에서 간을 보면 맛을 보는 혀도 둔해지기 때문에 컨트롤이 안 된다. 또 뜨거운 상태에서는 짠맛을 못 느끼니까. 그래도 소금 간을 중간에 해줘야 재료들이 익으면서 간이 깊숙이 배겠지? 돌이

킬 수 없는 실수를 하지 않도록 아주 조금씩 뿌린다.

슬슬 쌀이 조금씩 부푸는 게 보이면 무척 뿌듯해질 거다. 리소토를 익힐 땐 눈에 보인다. 우리는 밥을 많이 먹어봤고 직접 해봤기 때문에 쌀이 익었는지 바로 알 수 있다. 하지만 리소토는 완전히 익히기보다 알단테가 더 맛있다. 보통 우리가 먹는 쌀밥의 식감이 100%라면 알단테는 80%, 뜸을 안 들인 꼬들밥 정도의 식감이고 크리미한 전분으로 감싸인 상태다. 어떤 리소토를 만들든 여기까지의 과정은 같다. 우리는 지금 전복 향과 치킨 스톡으로 진한 무게감을 지닌 전복 현미찹쌀 리소토를 만들고 있다.

4 전복을 볶는다

옆에 작은 팬을 올려 달군다. 버터 한 조각을 넣고 양파를 볶다가 전복 슬라이스 투하. 소금 후추를 한 후 소테해준다. 전복은 회로 먹어도 되는 녀석이니 살짝만 볶고 바로 팬에서 뺀다. 파슬리 찹을 뿌리고 따로 담아두자.

5 익힌 쌀을 전복 내장과 버터로 감싸준다

갈아놓은 전복 내장을 쌀이 익는 팬에 넣고 빠르게 섞은 후 불을 끈다. 간을 보고 마무리 소금을 한 후, 그라나파다노 간 것과 버터 한 조각을 넣고 저어준다. 불은 끈 상태지만 잘 녹을 거다. 전복 내장과 버터는 감싸주는 역할이다. 마지막에 버터를 넣는 건 쌀알에 윤기를 더하고 쌀의 노화를 방지해주기 위해서다. 따뜻하게 데운 그릇에 리소토를 담고 전복 슬라이스를 올린다. 후추를 살짝 뿌려도 좋다.

PLATE FOR YOU

리소토가 발전한 포Po강을 따라 쌀만 재배된 것이 아니다. 많은 젖소들이 강물을 마시고, 초원에서 풀을 먹고 좋은 우유를 생산했다. 냉장시설이 없으니 실컷 먹고 남은 우유는 치즈로 저장되었다. 그중 오래 보관할 수 있는 건 아랫동네나 옆 나라에도 좀 나눠주고 그랬던 모양이다.

리소토는 양파, 마늘, 셀러리 같은 야채(소프리토Soffritto, 이탈리아의 미르포아)와 쌀을 함께 볶아 스톡으로 익히다가 불을 끄고 버터와 파르메산 치즈를 듬뿍 넣고 충분히 쌀알이 코팅됐을 때 먹는다. 한국의 가정식, 계란 볶음밥처럼 그렇게 먹는다.

이 한 접시에 이탈리아 북부의 이야기가 모두 담겨 있다. 쌀, 소, 우유, 버터, 치즈! 그라나파다노는 '알갱이'라는 뜻의 '그라나'와 '포'강의 이름에서 유래했다. 파르미지아노 레지아노 치즈는 생산지역인 파르마Parma와 레지오 에밀리아Reggio Emilia 지역의 이름을 딴 치즈다. 바로 파르메산Parmesan 치즈의 본명이다. 물론 녹색 통의 미국산 파우더 치즈를 말하는 게 아니다. 파르미자노 레지아노는 이탈리아 출신이어야만 붙일 수 있는 이름이니까. 그라나파다노와 파르미자노 레지아노는 먼 사촌쯤 된다. 둘 다 지방함량이 낮아 오래 보존할 수 있기 때문에 널리 퍼질 수 있었다. 그러나 그라나파다노와 달리 파르미자노 레지아노 치즈는 매해 4월 15일부터 11월 11일 사이에만 만들 수 있다. 이탈리아인들은 자기 나라에서 재배한 재료로 만든 음식에 자부심을 갖고 지키려고 노력한다. 클래식한 메뉴 한 접시에 강도 흐르고, 젖소가 울고, 먹고 마시며 웃는 사람들의 이야기가 있다. 그것이 요리가 가진 힘이 아닐까.

전복 대신 아삭거리는 야채가 그립다면, 슬라이스한 아스파라거스를 버터에 볶아서 얹는다. 혹은 바다를 연상하도록 해초를 살짝 팬에 데워서 가니시로 얹어도 어울린다.

오목한 접시에 조금 적다 싶을 만큼 담는다. 리소토는 되도록 적게 담자. 그래야 그럴싸하게 담을 수 있다. 부족하면 한 그릇 더 먹으면 되니까.

CLASS 9
어느 일요일의 프랑스 식탁

코코뱅 Coq au Vin

코코뱅의 유래로는 질긴 수탉 때문에 고민하던 줄리어스 시저의 요리사가 만들었다는 설이 널리 알려져 있지만, 가진 거라곤 창고의 와인과 마당의 수탉밖에 없었던 굶주린 와인 농가에서 탄생한 요리라는 설도 있다. 배고픔이 더 맛있는 요리를 만든다는 점에서 후자에 한 표! 부르고뉴 지방에서 먹기 시작한 코코뱅은 '일요일엔 코코뱅을 먹게 하라'는 앙리 4세의 상냥한 명령으로 프랑스 국민의 사랑을 받는 요리가 되었다. 술이 요리에 들어간 음식은 같은 술을 곁들여 먹는 것이 맛있다. 그렇다면, 역시 일요일에는 코코뱅에 레드와인 한잔하면서 조금 소란스럽고, 한가하게 보내라는 말이구나.

HEART OF FOOD

　프랑스의 와이너리에서는 배고플 때 무엇을 먹었을까? 오크통에 와인은 넘치는데 먹을 건 없고 밖에는 닭이 뛰놀고 있다. 감자는 지겹고 계란만으로는 배고픔을 달랠 수 없을 때, 벽난로에 큰 무쇠솥 하나 걸어놓고 닭을 잡아서 잘 씻어 넣고 남아도는 와인을 콸콸 붓고 텃밭에 있는 야채를 넣고 끓이는 거다. 농장 식구들이 다 배불리 먹어야 하니 국물에 감자 삶은 것도 곁들이고, 먹다 남은 파스타면 같은 것에 국물을 끼얹어서 같이 먹는 게 바로 코코뱅이다. 마당에 뛰놀던 수탉은 좀 질기다. 이걸 어떻게 먹을까 고민하다가 와인의 산과 오래 끓이는 열로 더 부드럽게 먹게 된 거지.

　술이 들어간 음식은 같은 술과 함께 먹는 것이 맛있는 법. 아무도 일하지 않아도 되는 날 여러 사람이 모여 낮술 한잔 즐기면서 '아, 이제 다 됐나?' 하고 쿡쿡 찔러서 조금씩 찢어 먹어보고, 그러다 또 생각나면 벽난로에 가서 눌어붙지 않게 휘휘 저어주고, 그러면서 먹는 게 제맛이다.

　코코뱅은 '와인Vin 속의 수탉'이라는 이름처럼 와인으로 조리한 닭요리다. 원래 지방 음식에서 출발했기 때문에 지역마다 만드는 방법이 각기 다르다. 자기 지방의 와인을 넣고 끓이기 때문이다. 샴페인을 넣은 코코 상파뉴Coq au Champagne, 보졸레 누보를 넣은 코코 푸프레Coq au Pourpre, 알자스 지방의 리슬랭 와인을 넣은 코코 리슬랭Coq au Riesling, 황금빛 화이트와인을 넣은 쥐라 주 지방의 코코뱅 존느Coq au Vin Jaune 같은 것들이 그렇다. 하지만 샴페인이나 고급 화이트

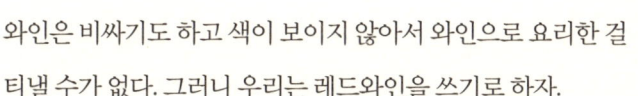

와인은 비싸기도 하고 색이 보이지 않아서 와인으로 요리한 걸 티낼 수가 없다. 그러니 우리는 레드와인을 쓰기로 하자.

먼저 달지 않고 가볍고 드라이한 레드와인을 고르자. 닭고기는 흰 살 육류다. 먹었을 때 소고기나 돼지고기와 같은 육류의 단백질 조직보다 입에서 훨씬 가볍고 부드럽게 느껴진다. 그래서 탄닌이 적고 가볍고 산뜻한 와인과 어울린다. 1만 원대 정도면 무난하다. 그런데 우리는 두 병을 사야겠지? 한 병은 코코뱅에 넣고 한 병은 마셔야 하니까.
기왕이면 부르고뉴 지방의 와인이 좋다. 보르도 지방의 와인은 묵직하고 진한 편이고, 부르고뉴 와인이 조금 더 가볍고 섬세하다. 닭고기는 텍스처나 맛이 힘 있는 육류보다 훨씬 예민하기 때문에 섬세하고 라이트한 와인과 잘 어울린다.

닭으로 넘어가자. 서양에서는 닭고기를 치킨이라고 하는데, 원래는 알을 낳기 전의 병아리를 뜻하는 말이었다고 한다. 닭은 알 낳는 닭과 식용 닭을 따로 사육한다. 알을 낳는 양계장에서는 닭이 계속 활동하도록 불을 항상 켜놓고, 식용 양계장에서는 불을 거의 켜지 않는다. 닭이 활동을 하지 않을수록 숙면을 하고 육질이 부드러워지기 때문이다. 하지만 시대가 변하면 먹거리에 대한 기준도 바뀌는 법. 현대인들은 건강하게 움직이고 건강한 사료로 키운, 자연과 가까운 육질을 선호하기 시작했다. 야생 닭에 가깝게 날씬한 닭들이 정물화에 등장하던 로마 시대로 돌아가는 셈이다.

닭을 먹는 음식문화는 사실 우리나 서양이나 비슷하다. 그네들이 닭을 와인에 끓여 먹을 때 우리는 백숙이나 닭볶음탕, 삼계탕을 즐겨 먹어왔다. 요즘은 프라이드 치킨용으로 가장 많이 소비하지만. 우리가 구할 수 있는 닭으로는 삼계탕용인 살이 적고 날씬한 삼계와 그보다 조금 큰 백세미가 있고, 가장 크고 구이용으로 흔히 쓰는 육계가 있다. 토종닭은 사실 국내 혈통이 따로 있는 것이 아니라 외래종으로, 직접 키우고 사육기간이 긴 닭을 말한다. 더 많이 움직이고 더 많이 살았으니 고기가 질기겠지? 그런데 여기서 '질기다'는 말의 정의를 바꾸도록 하자. 맛없게 질기다는 뜻이 아니라 오랜 시간 조리했을 때 육질이 살아 있고 입안에서 씹힌다는 뜻이다. 코코뱅은 낮은 온도에서 뭉근하게 오래 끓여 살을 부드럽게 하는 요리이기 때문에 삼계탕용보다는 토종닭을 추천한다. 길게는 2시간까지도 끓이며 닭에 와인과 야채, 향신료의 향을 흡수시키고 마지막에 씹히는 텍스처도 분명해야 하기 때문이다. 이걸 전부 버티고 소화해낼 수 있는 건 토종닭이다. 어린 닭은 살이 부드럽고 지방도 적어서 오래 끓이면 살이 뭉그러진다. 대신 토종닭은 살짝 끓이면 질기다.

닭을 통째로 요리하는 게 겁나는 사람은 백숙부터 해보자. 그냥 물에 넣고 끓여도 맛있네? 하고 만만해질 거다. 그렇다면 좋은 와인에 넣고 끓이면 더 맛있겠다고 생

각하게 되는 거지. 백숙이
나 닭볶음탕을 만들어 먹
듯, 프랑스의 가정식 코코뱅을 만들
어보기로 하자.

클래식한 레시피에서는 닭을 여덟
조각으로 잘라서 야채와 함께 레드
와인에 마리네이드한다. 그것을 따
로 굽고, 그 레드와인을 걸러서 같이 끓인다.
그러면 속까지 레드와인이 배어 약간 시큼한 맛이 나는데,
우리 입맛에는 익숙하지 않을 수도 있다. 그게 싫으면 와인에 재우는 과정을 빼거
나 조리 시간을 조금 줄이면 된다. 우리가 닭볶음탕을 끓일 때 하룻밤 재우기도 하
고 양념에 볶아 바로 끓이면서 맛이 배게 하는 것과 마찬가지다.

또 클래식 레시피에는 베이컨이나 돼지 비계 같은 것이 들어가는데, 육류 섭취가
부족하던 시절 닭의 마일드한 맛이나 적은 지방에 풍미를 더해주기 위해서였을 거
다. 닭은 단백질이 풍부하고 비타민B2가 많고 지방이 적어 소화흡수가 잘된다. 하
지만 요리를 할 땐 풍미를 주기 위해 지방을 따로 넣고 조리하는 방식이 많이 발달
되어 있다. 영양학적인 게 아니라, 맛을 위한 조리법이다. 하지만 지금의 우리는 삼
겹살에 소주가 일상이니 굳이 코코뱅에 돼지고기까지 넣을 필요는 없겠다. 닭과 와
인의 맛을 심플하게 느낄 수 있도록 우리의 레시피에서는 빼기로 하자.

마리네이드 Marinade 프랑스어 동사 Mariner에서 온 말이다. '담가두어 절인다, 재우다'라는 뜻. 액체,
대부분 오일에 향신료와 함께 재워 육질을 연하게 하거나, 향과 맛을 배게 한다. 중세 유럽에서는 향신
료가 특권의 상징이었다. 무엇보다도 요리사들이 열광했다. 고기나 생선을 오래가게 하는 보존력이 뛰
어났기 때문이다. 냉장고가 없던 시절 마리네이드는 저장의 방법이자 요리였다. 현재는 저장의 목적보
다 부드러운 텍스처와 함께 풍미를 더하는 역할을 한다.

IN THE KITCHEN

이 레시피는 두 명이면 배부르게 먹을 수 있고, 세 명이면 레스토랑에서 주는 정도로 나눠 먹을 수 있는 양이다. 되도록 토종닭을 사자. 보통 닭보다 3, 4천원 비싸다. 커피 한 잔 덜 마시고 토종닭을 사면 모두가 좀더 행복해진다!

필요한 것들

토종닭 1마리 혹은 닭볶음탕용 모듬팩. 레드와인 1병, 드라이한 것이 좋다. 밀가루 1/2컵, 강력분 중력분 무엇이든 상관없다. 닭에 요리조리 묻힐 정도면 충분하다. 치킨 스톡 500㎖. 미르포아용 큰 양파 2개, 중간 당근 1개, 셀러리 2줄기. 부케가르니는 대파, 이탈리안 파슬리 줄기, 타임, 월계수잎, 후추, 정향으로 구성한다. 마늘 3개, 좋아한다면 더 넣어도 된다. 양송이버섯과 방울토마토는 먹고 싶은 만큼 준비한다. 버터 30g, 올리브오일, 소금. 가니처는 쿠스쿠스를 준비하자. 쿠스쿠스 1/2컵, 치킨 스톡 1컵, 완두콩, 소금, 후추.

1 닭과 야채를 손질한다

치킨 브로스를 끓일 때와 같다. 뼈 사이사이에 내장 등의 이물질을 솔로 깨끗하게 닦아준다. 꼬리 쪽에 지방이 뭉쳐 있는 부분을 잘라줘야 잡냄새가 안 나겠지? 닭은 8등분한다. 어떻게? 오른쪽 그림을 보며 알아보자. 일단 다리가 4개다. 엥? 닭다리는 2개 아닌가. 그냥 닭다리와 허벅지살이 있다. 그걸 나누면 총 4개. 거기에 날개 붙은 위쪽 가슴살 2개, 살만 있는 아래쪽 가슴살 2개. 그래서 총 8조각이 나온다.

어렵지 않으니 직접 도전해보거나 정육점 사장님께 부탁드려도 된다. 생닭 만지기가 두렵고 사장님하고도 친하지 않으면, 닭볶음탕용으로 잘린 닭을 산다.

닭은 8등분보다 더 자르지 않는 게 좋다. 오래 끓였을 때 해체되지 않고 야채나 다른 향신료들을 더 많이 머금게 하면서 크게 먹을 수 있도록 하기 위해서다. 작게 조각난 닭은 조리 시간이 길어지면 다 해체된다.

양파는 적당한 크기로 4등분, 당근은 너무 두꺼우면 안 익으니까 4cm 정도로, 셀러리 줄기도 듬성듬성 잘라서 준비한다. 양송이는 키친타월로 닦아서 반으로 자르거나, 오래 끓일 테니 통째로 둬도 된다.

2 와인을 졸이며 닭을 시어링해서 넣는다

닭을 끓일 넉넉한 냄비에 와인 한 병을 과감하게 전부 붓고 월계수잎을 넣는다. 약불에서 졸이듯 끓여주자. 알코올의 향을 날려주며 농도를 진하게 만드는 과정이다. 와인이 반 정도로 줄면 그때 치킨 스톡이나 브로스를 넣는다. 장담컨대 인스턴트 스톡 큐브보다 치킨 스톡이 더 맛있고, 그보다 치킨 브로스가 무진장 더 맛있다. 직접 만드는 게 손이 더 가지만, 어쩔 수 없다. 요리는 정직하다.

와인이 뽀글뽀글 끓는 동안 옆에서 닭을 굽자. 닭의 물기를 제거하고 소금과 후추를 뿌린 후 밀가루를 곱게 묻힌다. 팬에 올리브오일을 두르고 달군다. 이제부터 닭을 시어링할 거다. 시어링은 육류를 센 불에서 순간적으로 구워 색을 내는 걸 말한다(자세히 알고 싶다면 168쪽에 다녀오자). 밀가루를 묻힌 닭을 팬에 올린다. 이때 한꺼번에 굽지 말고 몇 조각씩 굽기로 하자. 그래야 팬에 열이 골고루 유지된다. 불이 너무 세면 노릇하게 구워지기 전에 타버리니까 지글지글거리는 소리가 들리되 너무 세지 않게 불을 줄여준다. 반면 소리가 들리지 않으면 불이 약한 거니까 올려주자. 중간중간 버터를 나눠 넣어가며 골든 브라운 색이 날 때까지 굽는다. 밀가루와 버터가 만나면 더 맛있는 향이 나기 시작할 거다. 이 팬에 야채도 볶을 거니까 태우지 말자. 최대한 노릇노릇하게 구워주면 완성된 코코뱅의 향과 맛이 더 좋아진다! 먼저 구운 닭 조각 중 이제 되었다 싶은 것은 옆에 끓고 있는 와인 냄비에 하나씩 넣어주고, 팬에 다시 닭을 채워 구워주는 식으로 굽자.

밀가루는 닭의 잡내를 잡아주는 역할도 해주지만, 코코뱅의 농도를 만드는 리에종 Liaison 역할도 한다. 리에종은 스튜나 소스, 수프 등을 걸쭉한 농도로 맞춰주는 것들을 말하는데 밀가루, 계란 노른자, 전분, 루(버터와 밀가루 섞은 것), 피 등이 있다. 오래된 코코뱅 레시피는 마지막에 닭피를 넣어서 농도를 맞췄다. 닭볶음탕도 국물이 많은 걸 좋아하는 사람이 있는가 하면, 바짝 졸여서 엉기는 걸 좋아하는 사람이 있듯 코코뱅의 농도도 기호에 따라서 조절하자.

3 야채를 소테해서 와인 냄비에 넣는다

닭을 볶았던 팬에 준비한 양파, 당근, 셀러리를 넣고 소테한다. 소테는 센 불! 볶는 순서는 크게 상관없지만, 당근이 잘 익지 않을 것 같은 불안한 크기라면 당근부터 볶자. 볶는 중간에 약하게 소금과 후추를 해준다. 닭과 마찬가지로 골든 브라운 색이 나면 바로 냄비에 넣어주자. 마지막으로 양송이버섯을 노릇하게 볶아서 넣으면 끝이다.

자, 이제 볶은 재료가 모두 와인 냄비에 들어 있다. 부케가르니와 마늘도 넣고 뭉근하게 약불로 끓이는 일만 남았다.

4 거품을 걷어주며 약불에서 1시간 끓인다

우리는 토종닭을 썼기 때문에 보통 닭보다 좀더 오래 익힐 거다. 토종닭은 보통 닭보다 쫄깃한 맛이 있는데, 오래 끓이면 쫄깃함이 촉촉하게 살아 있는 결로 변신한다. 토종닭의 변신 시간은 1시간 정도. 일반 백숙용 닭이라면 35~40분 정도면 된다. 불의 세기나 냄비의 두께, 닭의 크기가 집집마다 다르니 타이머만 맞춰놓지 말고 중간중간 거품도 걷어내며 살펴본다.

완성 예상 시간 20분 전부터는 정말 잘 익고 있는지 보자. 닭다리의 뼈가 2cm 이상 드러나기 시작하면 거의 다 됐다는 신호다. 간을 보고 마무리 소금을 해준다.

코코뱅이 닭찜처럼 보이기 시작했다면 방울토마토를 자르지 말고 그대로 넣는다. 닭살이 떨어지지 않게 주의하며 잘 저어주면 완성이다.

5 끓이는 동안 가니처를 준비한다

오늘의 가니처는 쿠스쿠스다. 어찌 보면 좁쌀 같지만 가장 크기가 작은 파스타다. 포장지에도 쓰여 있지만, 익힐 때 물이 쿠스쿠스의 2배 정도 필요하다. 코코뱅과 같이 먹을 거니까 치킨 스톡으로 익히는 게 접시에서 하모니를 이루겠지? 작은 팬이나 냄비에 치킨 스톡을 붓고 소금 후추를 한다, 완두콩도 함께 익혀주기. 1분 정도 뜨겁게 데웠다면 불을 끄고 쿠스쿠스와 버터를 넣고 뚜껑을 덮어준다.

PLATE FOR YOU

와인 한 병을 몽땅 붓고 만든 코코뱅에는 알코올이 있을까, 없을까? 40% 정도는 음식에 남는다. '헉! 40%나 남아? 먹으면 취하는 거야?'라고 생각할 수도 있겠지만 걱정하지 말자. 한 냄비를 혼자 다 먹는 게 아니니까.

레드와인으로 만드는 뱅쇼Vin Chaud는 프랑스의 국민음료라고도 불린다. 레드와인과 과일, 허브 등을 넣고 우려낸 음료인데, 몸을 따뜻하게 해줘서 감기를 예방하거나 추운 날 마시면 딱이다. 만드는 방법은 무척 간단하다. 작은 냄비에 레드와인과 오렌지, 레몬, 사과, 그리고 계피, 정향, 후추, 월계수잎을 넣은 다음 꿀로 입맛에 맞게 단맛을 조절하자. 팔팔 끓이면 알코올이 다 날아가버린다. 과일과 향신료의 향이 우러날 정도로만 약불에서 끓이면 완성!

둘 다 와인을 끓였다는 공통점이 있으니 서로 잘 맞을 거다. 단 코코뱅을 먹을 때 같이 마실 뱅쇼라면 조금 덜 달게 만들자. 단맛이 식욕을 방해할 수도 있다. 앞에서 말했듯 코코뱅을 만든 와인과 함께 먹는 것도 좋다. 아직 남아 있다면!

따뜻한 음식은 항상 그릇도 따뜻하게 데워준다. 코코뱅 접시도 따뜻하게! ─

닭 부위별로 하나씩 담아보자. 두 명이 나눠 먹는다면 접시를 2개로 하면 되고, 혼자서 먹는 거라면 적게 담고 부족하면 다시 덜어 먹는 걸로. 마지막에 파슬리 찹과 후추도 살짝 뿌려준다.

쿠스쿠스는 파슬리 찹을 뿌려 잘 섞고 접시 중앙에서 살짝 오른쪽에 두자. 코코뱅에는 탄수화물을 채워줄 가니처가 잘 어울린다. 감자 매시나 삶은 감자도 좋다.

냄비 안에서 양송이버섯과 토마토, 당근을 찾아 3개씩 올려주고, 국물은 소스처럼 닭 위에 살짝 끼얹는다.

CLASS 10
누구에게나 그리운 맛은 있다

가자미 버터구이 Sole Meuniere

어촌에서는 아이들이 생선을 먹다가 무심코 뒤집으면 엄마한테 혼난다. 그 생선을 잡은 어부의 배가 뒤집힌다고 해서다. 남편이나 아들이 배를 타고 나가면 어촌 아낙들은 무사히 배가 돌아올 때까지 마음을 졸였을 테다. 그러다 생선을 먹을 때조차도 염원을 담은 거다. 무사히 돌아와달라고. 물론 정말 배가 뒤집혔으면 법으로 정해졌겠지. 사실 생선을 구울 때는 뒤집지 않나. 하지만 이렇게 가족을 위하는 마음은 바다나 육지나 똑같다. 도시에서 공부하고 직장에 다니는 자식들을 위해 물 한 사발을 올리고 기원하던 어머니의 마음처럼 말이다.

우리 어머니들이 고등어를 구워주셨던 것처럼 프랑스에서는 어머니가 가자미를 구워주신다. 버터에 구워 노릇하고 바삭한 가자미를 상큼한 레몬 버터소스에 찍어 한입. 입안 가득 번지는 그 맛은 누군가에게는 그리움, 누군가에게는 새로움이다. 클래식한 프랑스 요리법이지만, 우리에겐 가자미의 새로운 맛을 알려줄 테니.

HEART OF FOOD

프랑스어로 '솔 뫼니에르Sole Meuniere'라고 부른다. Sole은 가자미, Meuniere는 방앗간 주인. 방앗간은 밀가루를 만드니까 주인은 밀가루 부자였겠지? 그러니까 방앗간 안주인은 요리할 때 여기저기 밀가루를 뿌려서 요리했을 테고. 그 아줌마가 구운 가자미는 밀가루를 입힌 덕에 더 바삭했을 거다. 프랑스 가정식이고 굉장히 클래식한 생선요리인데(우리나라 양식 조리 실기시험 메뉴에도 있다!) 만드는 방법은 아주 심플하다. 가자미에 소금 후추를 해서 밀가루를 묻히고 버터에 구우면 끝. 밀가루는 비린내를 잡아주고, 좀더 노릇하게 구워주는 역할을 한다.

클래식한 레시피에선 가자미의 등쪽 껍질을 벗기고 굽는다. 더 깔끔하게 먹고 싶다면 껍질을 벗겨도 된다. 사실 구운 껍질도 크리스피하게 입에 남지는 않는다. 오히려 쫀득쫀득하다. 그런데 왜 껍질을 쓰냐고? 뼈를 잘 분리해서 입에 넣으면, 쫀득한 껍질에서 진한 바다의 맛이 담백한 살과 함께 느껴진다. 바로 그게 맛있는 거다.

그래도 더, 더 맛있는 가자미를 먹고 싶다면 봄철에 가자미를 구워 먹자. 가자미는 3월 전후가 산란기다. 사람도 그렇고, 동물도 그렇고 산란 전에는 몸에 영양소나 지방을 많이 축적해놓아서 산란 전에 잡아먹으면 맛있는 거다. 산란해버리면 엄마는 수척해진다.

가자미는 먹어봐서 알듯 납작한 생선Flat fish이다. 고등어나 연어와는 다르다. 이렇게 납작한 녀석들은 가운데 척추를 중심으로 양옆으로 뼈가 곧게 쫙 펴져 있고, 양쪽 지느러미로 가시들이 있다. 가자미 뼈가 어디에 있는지가 뭐 중요하냐고? 맛있게 구워서 능숙하게 발라먹기 위해 공부하는 거다.

가자미처럼 납작한 생선 하면 떠오르는 애가 하나 있는데, 광어다. 생김새로 구분할 수 있을까? 에이~ 광어는 더 크잖아, 생각했다면 오산이다. 가자미도 큰 게 있다. 크기가 작은 광어도 많다. 쉽게 구분하고 싶다면 그 납작한 생선과 아이컨택하면 된다. 등쪽이 위로 오게 두고 애 얼굴을 보는 거다. 얼굴을 마주하고 봤을 때 눈이 오른쪽으로 몰려 있으면 가자미, 왼쪽으로 몰려 있으면 광어다.

눈이 오른 쪽에 있으면 이름을 불러주자. "가자미야~" 그러면 애 눈동자가 보일 거다. 눈이 맑은지 자세히 들여다보자. 눈이 맑은 생선은 싱싱하니까. 그런데 사실 가자미 눈은 살짝 찌그려져 있어서 잘 보이지 않을 수도 있다. 그렇다면 냄새를 맡아보자. 심하게 비린내가 나면 안 된다. 그래도 모르겠다면 생선가게 아저씨 눈을 피해 가자미를 살짝 눌러보자. 눌러서 살이 다시 안 돌아오면 오래전에 죽었다는 얘기다. 이렇게 오른쪽으로 몰려 있는 눈이 맑고, 푸른 바다 냄새가 나고, 탱글탱글한 가자미를 찾았다면 그날 먹을 만큼만 사서 주방으로 가자.

IN THE KITCHEN

생선을 한 번도 만져보지 않은 사람이라면 겁날 수도 있다. 그런데 마트에 가면 손질한 가자미를 예쁘게 포장해서 판다. 생선가게에서는 비늘과 내장까지 손질도 해주신다. 우리는 맛있게 굽기만 하면 되는 거다. 가자미를 굽고 바로 소스를 만들 테니 소스 재료를 미리 준비해두자.

필요한 것들

먹을 만큼의 가자미. 밀가루는 가자미를 묻힐 정도면 충분하다. 소금과 후추, 버터 30g이 필요한데 가자미 크기에 따라 가감하자. 레몬 버터소스는 화이트와인 50㎖, 버터 40g, 레몬즙 1Tbsp는 레몬 1/4조각을 짜면 이 정도 나온다. 파슬리 찹과 소금. 가니쳐로 쓸 레몬 반 개.

1 가자미를 손질하고 소스 재료를 준비한다

도마 위에 있는 가자미를 먹기 좋게 손질해주자. 비늘이 있다면 칼이나 비늘 벗기개로 긁어 잘 제거한다. 꼬리에서 머리쪽 방향으로 싹싹 긁어준 다음 물로 씻기.
오늘은 가자미 머리를 자르고 요리할 거지만, 취향에 따라 결정해도 된다. 머리를 자르면 몇 가지 좋은 점이 있다. 아이들이나 생선 머리를 무서워하는 사람들은 잘라서 주면 잘 먹는다. 또 핏물을 빼고 냉동시켜두면 피시 스톡을 끓일 수도 있다. 가자미나 광어, 도다리류의 생선은 비린내가 많이 나지 않아서 담백한 피시 스톡을 내기에 딱 좋다. 우리는 치킨 브로스도 만들 줄 아는 사람들이니까.
최대한 살 부분을 건드리지 않고 아가미 있는 데까지 머리를 자르자. 내장이 있는 부분은 조금 더 잘라낸다. 양옆 지느러미 자르고, 아가미 쪽과 등 쪽 가운데 뾰족하게 나와 있는 지느러미는 가위로 잘라주자. 꼬리는 싹둑 잘라도 되지만 삼각형 모양으로 자르면 더 예쁘겠지? 만일 껍질을 벗기겠다면 꼬리 쪽에 칼집을 내고 배 부분이 위로 가게 한 다음 껍질과 칼을 같이 잡고 스윽 밀면 껍질이 다 벗겨진다. 상상이 안 된다고? 비늘, 머리, 껍질 벗기기 모두 생선가게 아저씨한테 부탁하면 해주신다! 생선가게 아저씨와 친해지자.

마지막으로 가장 중요한 게 남았다. 가자미 등에 십十자 그어주기. 우리끼리의 암호였는데 기억하고 있겠지?

가자미를 굽고 바로 그 팬에 레몬 버터소스를 만들 거니까, 레몬을 미리 스퀴즈해 두자. 집에 스퀴저가 없다면 포크로 반을 자른 레몬을 툭 찔러서 돌리면 깔끔하게 즙이 나온다.

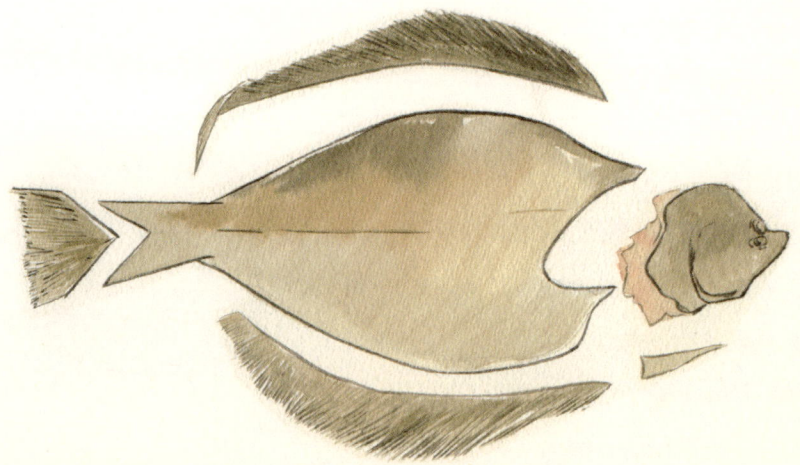

2 가자미에 밀가루를 입힌다

잘 손질한 가자미를 물로 헹구고 키친타월이나 면보로 물기를 닦는다. 등과 배 쪽에 소금 후추를 뿌리고, 방앗간 안주인처럼 밀가루를 고루 묻힌다. 밀가루는 강력분이든 박력분이든 뭐든 상관없다.

이제 손끝의 감각에 초집중해서 가자미를 살짝 눌러보자. 생선을 많이 구워보지 않았다면 어느 정도 구운 게 다 익은 건지 확신이 안 설 거다. 생선은 익지 않았을 때 더 몰캉거린다. 회를 생각해보면 쉽다. 생선구이보다 더 몰캉하지 않았나? 굽기 전 가자미를 눌렀을 때의 그 감각을 기억하고 다 구워졌는지 확인할 때 느낌을 비교해볼 거다.

3 가자미를 굽는다

꼬리까지 넉넉하게 들어가는 팬을 중간 불로 달군 다음 차가운 버터를 넣는다. 보통 크기라면 30g 정도. 가자미가 크기별로 다르니 버터의 양은 기름을 넉넉하게 두른다고 생각할 정도로 넣자. 버터를 딱 놓았을 때 뽀글뽀글 거품이 올라오면서 서서히 녹을 때가 가자미를 굽기에 적당한 온도다. 얘가 녹지 않고 그대로 있으면 팬이 차가운 거고, 넣자마자 연기를 내면서 타면 너무 뜨거운 거다. 칼집이 있는 등쪽의 껍질부터 먼저 노릇하게 굽는다. 껍질을 벗긴 것이라면 배부터 익히면 된다.

가자미를 뒤집는 타이밍은 팬과 생선 사이가 노릇노릇하게 올라올 때다. 버터를 한 조각 더 넣고 뒤집개로 껍질이 벗겨지지 않게 조심해서 살살 뒤집는다. 약간 팬을 기울이면 아래쪽에 보글보글 끓는 버터가 모일 거다. 그걸 스푼으로 떠서 가자미 살에 계속 끼얹어준다. 이걸 베이스팅Basting이라고 한다. 경건한 마음으로 계속 베이스팅하면서 "맛있어져라~ 맛있

어져라~" 주문을 걸자. 머리를 자르지 않았다면 가자미와 눈을 맞추며 깊은 대화도 나눌 수 있다. 버터가 탄다면 불을 줄여준다. 다시 한번 뒤집어 등 쪽이 노릇해지도록 구우면 완성. 의심스럽다면 한번 더 뒤집어도 상관없다.

납작한 가자미는 고등어나 둥근 생선보다 훨씬 빨리 익는다. 익은 걸 어떻게 알지? 눈에 보인다. 냄새도 난다. 그래도 자기 자신을 못 믿겠다면 살짝 눌러보자. 익기 전보다 단단해졌을 거다. 또 칼집 사이를 자세히 들여다보면 살이 보인다. 이렇게 가자미 한 마리를 굽는 데 10분 정도 걸릴 거다. 다 구운 가자미를 허리가 두 동강나지 않게 조심스럽게 들어서 접시에 올려둔다. 가자미 접시를 불 가까이에 두면 소스를 만드는 동안 따뜻하게 온도를 유지할 수 있다.

4 레몬 버터소스를 만든다

가자미를 구웠던 팬에 소스를 만들자. 버터가 너무 탔다면 버리고, 타지 않았다면 그대로 두고 중약불에서 화이트와인과 소금, 레몬즙을 넣고 와인의 알코올을 날린다. 버터를 넣고 불을 끈 다음 스푼으로 잘 저어주면 소스 같은 농도가 나올 거다. 스푼에 묻은 걸로 맛을 보고 마지막 간을 하자. 프레시한 파슬리가 있다면 찹해서 뿌려주기. 말린 파슬리는 입에서 걸리니까 되도록 넣지 말자.

남은 레몬은 집게로 집어서 불에 살짝 구워주면 훌륭한 가니처가 된다. 구운 레몬은 잘 짜지고, 즙도 훨씬 달다. 게다가 예쁘기까지 하다.

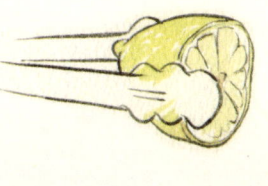

베이스팅 Basting 버터나 오일로 요리를 할 때 재료에서 나온 기름을 스푼으로 떠서 재료에 다시 끼얹어주는 걸 베이스팅이라고 한다. 불어로는 아로제 Arroser라고 하는데 '물을 주다, 적시다'라는 의미가 있다. 베이스팅을 하면 조리 시간을 줄일 수 있고, 기름의 열로 간접적으로 익혀줘서 음식이 더 촉촉해진다. 베이스팅은 스테이크를 구울 때도 쓰이는 중요한 조리법이다.

PLATE FOR YOU

고급 레스토랑에서는 서버가 요리를 보여주고 포크와 스푼으로 먹기 좋게 가자미 살을 발라준다. 그런데 이때 생선을 뒤집지 않는다! 한쪽 면의 살을 발랐다고 해서 뒤집지 않는다. 프랑스에서도 마찬가지다. 생선 먹을 때의 매너다.
가자미를 뒤집지 않고 살을 바르려면 양쪽 테두리의 잔가시를 옆으로 밀어내고, 가운데 뼈를 중심으로 양옆으로 살을 밀어주면 가자미가 홍해처럼 갈린다. 그리고 가운데에 있는 두꺼운 뼈를 들어내는 거다. 중간중간 포크와 수저로 뼈를 접어가면서 다 빼준다. 생선을 싫어하는 사람들 중엔 가시 바르는 게 싫어서 안 먹는 경우도 많다. 이렇게 잘 발라진 생선을 향긋한 소스에 콕 찍어 먹을 수 있다면 누가 마다할까.
가자미는 통째로 굽기만 하면 되니까 그나마 간단하다. 하지만 대구는 손질부터 애를 먹인다. 몸의 3분의 1 이상이 내장으로 가득 차 있고, 필레Filet를 떠서 가시를 빼고 얄팍한 껍질을 바삭하게, 살은 흐트러지지 않도록 그러나 노릇하게 굽는 일은 참 까다롭다.
그렇기 때문에 생선요리를 잘하면 다른 요리와 비교도 안 될 만큼 섬세하고 훌륭한 요리를 할 수 있다. 게다가 이렇게 까다로운 생선도 요리할 줄 아는데 남자쯤이야. 식은 죽 먹기다! 뭐, 정 안 되면 회로 먹지 뭐.

가자미를 올리고 소스를 가장자리에 스푼으로 뿌려주거나, 바닥에 동그랗게 깔고 가자미를 얹는다.

접시가 차가우면 소스에 있는 버터가 엉기기 시작한다.
접시는 전자레인지에 30초 정도 돌려 따뜻하게 데운다.

가자미를 올리고 소스를 가장자리에 스푼으로 뿌려주거나,
바닥에 동그랗게 깔고 가자미를 얹는다.

CLASS 11
어디에나 있지만 어디에도 없는

라비올리 Ravioli

살아오며 무언가에 이름을 지어준 적이 몇 번이나 있을까?
어릴 적 늘 곁에 있던 인형의 이름,
함께 사는 강아지나 고양이의 이름,
친한 친구에게 별명을 붙여준 적도 있었고,
사랑하는 사람에게 애칭을 지어주기도 했다.
오늘은 자신이 만든 파스타 한 접시에 이름을 지어주자.
어떤 요리든 이름을 붙일 수 있지만,
파스타는 특히나 이름을 붙여주기에 좋은 녀석이다.
직접 반죽한 면도 만들 수도 있고,
다양한 모양의 건조된 면을 고를 수도 있고,
자기가 원하는 재료나 좋아하는 것들로 소스를 만들 수도 있다.
거기에 마음과 추억을 버무려 자기만의 색을 입히는 거다.
내가 만들고, 이름 붙여준 이 세상 어디에도 없는 나만의 요리.
나만의 파스타를 만들어볼까?

HEART OF FOOD

라비올리는 언뜻 보기에 만두와 매우 비슷하다. 얇게 민 파스타 반죽 사이에 속을 채워 만들기 때문이다. 이런 파스타도 있나 싶을지도 모른다. 그만큼 파스타는 다양하다. 파스타의 면은 종류가 150가지도 넘는다. 국수 형태부터 새 둥지나 실타래처럼 감겨진 것, 동물이나 식물, 신체 부위를 본뜬 것 등 마치 상형문자처럼 파스타 면도 언어가 될 수 있는 것이다.

이렇게 다양한 파스타 면은 건조 여부에 따라 프레시 파스타Fresh Pasta와 건조 파스타로 나뉜다. 프레시 파스타는 마트에서 파는 칼국수 생면을 떠올리면 된다. 면이 붙지 않을 정도로만 살짝 건조해서 유통되는 파스타다. 건조 파스타는 소면처럼 딱딱하게 건조된 거다.

모양을 보면 크게 세 가지로 나눠 생각할 수 있다. 롱 파스타Long Pasta, 쇼트 파스타Short Pasta, 속을 채운 파스타. 가장 대표적인 것들 몇 가지만 알아볼까?

롱 파스타는 국수처럼 긴 파스타를 말한다. 스파게티Spagatti가 대표적이다. 전 세계에서 소비되는 파스타의 3분의 2가 스파게티 면이라고 할 만큼 파스타 하면 가장 먼저 떠오르는 녀석이다. 스파게티니Spaghettini는 스파게티보다 얇은 면이다. 탈리아텔레Tagliatelle는 반죽을 펴서 칼국수처럼 자른 파스타다. 이탈리아에서 남자를 두렵게 만드는 두 가지는 긴 계산서와 짧은 탈리아텔레라고 한다. 탈리아텔레가 짧다는 건 여자의 요리 솜씨가 없다는 의미니까. 페투치네Fettuccine는 남부 지방의 탈리아텔레다. 두께는 조금 더 두껍다. 이탈리아어로 작은 혀라는 의미의 링귀네Linguine, 넙적하고 큰 라자니아Lasagne도 롱 파스타다. 이 밖에도 국수처럼 원형인 것, 칼국수처럼 납작한 것, 빨대처럼 속이 빈 것 등 다양하다.

쇼트 파스타는 이름 그대로 면이 짧다. 하지만 모양이 다양해서 보는 재미도 있다. 작은 소라 모양처럼 생긴 콘킬리에Conchiglie. 이탈리아어로 조개를 가리킨다. 나비 모양의 파르팔레Farfalle는 가벼운 소스나 샐러드에 많이 먹는다. 샐러드 채소에 나비가 얹어지면 예쁘겠지? 오레키에테Orecchiette는 작은 귀라는 의미다. 생긴 것도 귀처럼 생겼다. 그리고 리가토니Rigatoni. 스무디 빨대처럼 구멍이 뚫려 있고, 두께는 조금 두껍고 바깥에 줄무늬가 있다. 리가토니는 안에 재료를 채워서 요리할 수 있다는 장점이 있다. 펜네Penne도 빨대처럼 안이 비었는데, 양끝이 사선으로 잘려 있다. 깃털이나 깃펜을 뜻하는 라틴어 penna에서 유래한 이름이다. 뱅글뱅글 돌아가는 푸실리Fusilli도 대표적인 쇼트 파스타다. 쇼트 파스타는 세 가지 종류를 섞어서 쓰기도 한다.

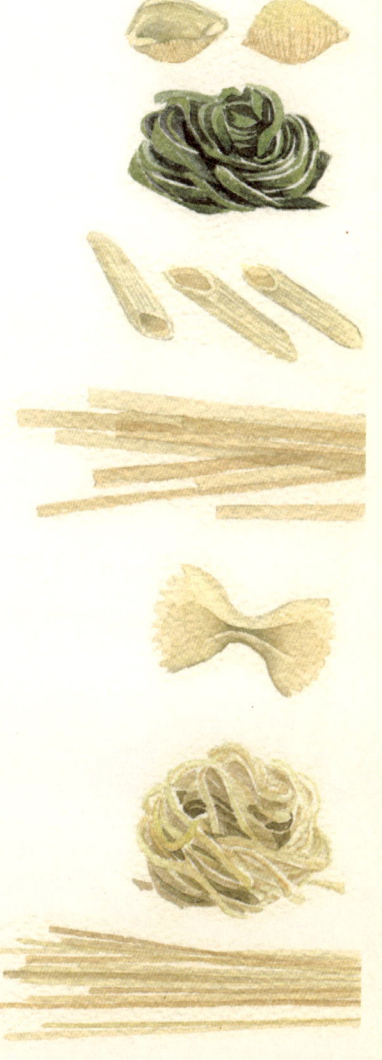

마지막으로 우리가 만들 속을 채운 파스타. 만두 파스타라고 해도 될 만큼 만두와 비슷하다. 토르텔리Tortelli는 작은 만두다. 이보다 작은 게 토르텔리니Tortellini다. 토르텔리니는 배꼽 모양 같다고들 한다. 누구의 배꼽이냐. 비너스의 것이라는 얘기도 있고, 열쇠구멍 틈으로 본 여인의 배꼽을 본따서 만들었다는 얘기도 있다. 그런데 정말 배꼽만 봤을까? 생각해보면 참 원초적이다. 엄마 뱃속에 있을 때 영양분을 받았던 배꼽, 그 모양의 음식을 먹는 거다. 라비올리Ravioli는 납작 만두처럼 생긴 녀석이다. 모양은 다양하지만 다른 만두 파스타보다 훨씬 크다. 기본은 리코타 치즈와 시금치로 속을 채워 만든다. 리코타 치즈가 만두의 두부 역할을 해주는 거다.

우리의 라비올리는 파스타 반죽 대신 찹쌀 왕만두피로, 시금치 대신 취나물과 참나물로 만들 거다. 원래 파스타는 이탈리아 남부에서 많이 재배되는 듀럼밀Durum Wheat의 가루인 세몰리나Semolina로 반죽해 만든다. 듀럼밀은 조직이 딱딱한 게 특징이다. 듀럼의 어원도 라틴어의 '딱딱하다'에서 왔다고 한다. 일반 밀보다 단백질과 글루텐(밀가루로 반죽했을 때 쫄깃쫄깃하게 만드는 성분) 함량이 훨씬 높고 색도 노란데, 천연 색소인 카로티노이드가 밀보다 2배나 많기 때문이다. 그래서 파스타도 약간 노란 빛을 띠고, 반죽에 계란이 들어가면 더 노란 파스타가 만들어진다. 듀럼밀에 있는 탄수화물은 흰쌀밥이나 밀가루를 먹었을 때보다 소화가 천천히 된다. 그래서 당뇨병 환자에게는 소면보다 파스타가 낫다. 섬유질과 무기질이 풍부해 장에도 좋고, 신진대사를 도와주는 비타민B도 많다. 마치 쌀밥보다는 현미밥이나 잡곡밥이 몸에 더 좋듯, 일반 밀보다는 듀럼밀이 영양소가 훨씬 많다.

사실 파스타의 이름을 줄줄 외울 필요는 없다. 중요한 건 칼국수가 먹고 싶은데 수제비를 주문하는 상황이 벌어지지 않도록 하는 거다. 이탈리안 레스토랑에 갔을 때 만두가 먹고 싶다면 "라비올리 주세요"라고 할 수 있도록 내가 맛있게 먹을 수 있는 언어를 배운다고 생각하자.

세상의 수많은 단어들도 이름이 되면 새로운 의미를 갖게 되듯, 파스타도 새로운 이름을 갖게 되면 당신만의 요리가 된다. 특히 라비올리는 안을 무엇으로 채우느냐에 따라 혹은 모양에 따라 다양한 요리로 변신할 수 있다. 그러니 당신의 라비올리가 태어나면 이름을 지어주자. 자, 그럼 나의 '봄바람 살랑'을 소개한다.

IN THE KITCHEN

보통 라비올리는 큰 파스타 반죽을 깔고 시금치와 리코타 치즈를 버무린 속을 간격을 두고 톡톡 놓은 다음 다시 파스타 반죽을 덮어 만든다. 결국 파스타 반죽을 해야 하는 거다. 하지만 '봄바람 살랑'은 한국의 봄이다. 파스타 반죽 대신 쫄깃한 찹쌀 왕만두피로 만들 거다. 취나물과 참나물로 속을 만들고, 더 향긋한 봄나물이 있다면 넣어 줄 거다. 그래도 라비올리냐고? 그러니까 '봄바람 살랑' 라비올리다.

필요한 것들

라비올리 20개를 만들 거다. 찹쌀 왕만두피는 만두처럼 피 한 장으로 만드는 게 아니라 두 장을 합체해야 한다. 그러니까 만들려는 라비올리 개수의 2배가 필요하다. 참나물과 취나물 각 100g, 혹은 좋아하는 나물을 준비한다. 리코타 치즈는 100g, 첫 시간에 만들었던 프레시치즈를 넣어도 맛있다. 새우 100g, 양파 찹 30g은 2Tbsp 정도. 계란 노른자 1개, 레몬 타임, 파슬리 찹, 나물과 새우를 볶을 버터 20g, 소금이 필요하다. 상큼한 레몬 버터소스는 버터 30g, 생크림 100㎖, 레몬즙 1Tbsp, 파슬리 찹을 준비한다.

1 스터핑 재료를 준비한다

냄비에 물을 채우고 소금을 넣고 참나물과 취나물을 따로 데친다. 넣었다가 10초도 안 되게 숨만 죽으면 바로 꺼내자. 체에 받쳐 차가운 물에 헹구어 식힌다. 손으로 물기를 짠 후 2cm 정도로 자른다. 자른 나물을 버터에 볶으며 소금 간을 해준다. 나중에 라비올리를 블랜칭하고 팬에서 다시 익힐 거니까 버터에 코팅되며 간이 밸 정도로만 짧게 볶자.

새우는 칵테일 새우를 써도 된다. 씹힐 정도로 거칠게 다져놓자. 양파 찹도 찹찹 준비한다. 새우와 양파는 팬에서 살짝 볶을 거다. 팬을 달구고 버터에 양파 찹을 먼저 볶다가 새우 넣고 소금 후추 해주고 노릇하게 볶자. 식으면 레몬 타임 잎을 조금 떼어 뿌려서 향이 배게 한다. 새우 대신 호두나 견과류를 버터에 볶아 넣어도 크런치하게 씹혀서 맛있다.

준비한 재료들을 식힌다. 뜨거울 때 리코타 치즈와 섞으면 녹아버린다. 충분히 식었다면 믹싱볼에 나물, 새우와 양파, 리코타 치즈를 넣고 버무린다. 소금 간도 잊지 말기. 파슬리 찹을 넣고 마무리한다.

스터핑이 너무 질척하면 익혔을 때 모양이 무너진다. 속을 채운 부분이 동그랗게 살아 있어야 한다. 손으로 만져서 모양을 만들 수 있을 정도가 적당하다.

2 라비올리 속을 채운다

계란 노른자에 물 1테이블스푼을 넣고 잘 풀어준다. 만두피 테두리에 발라줄 거다. 만두피를 작업대에 두 줄로 깐다. 바로 앞줄에 스터핑을 얹을 거고 윗줄은 덮을 뚜껑이 된다. 밀가루가 묻지 않는 부분이 위로 오게 한다. 처음이니까 5~6개씩만 깔고 익숙해지면 10개씩 도전해보자.

앞줄 만두피 가장자리에 붓이나 예쁜 검지손가락으로 계란을 칠해준다. 이때 넉넉한 폭으로 적은 양을 묻히는 게 중요하다. 너무 많이 바르면 질척해져서 만두피를 덮을 때 착 달라붙지 않고 미끄러질 수 있다. 반대로 양이 적으면 만드는 동안 말라서 다시 칠해야 한다.
준비해둔 스터핑 재료를 스푼으로 떠서 잘 뭉친 다음 만두피 중앙에 손가락으로 밀어 넣는다. 가장자리로 흩어지면 피가 잘 붙지 않고, 익혔을 때 터질 수도 있다. 만두와 똑같다. 되도록 깔끔하게 중앙으로 모아주자. 금방 익숙해질 테니 너무 겁먹지 말자. 만두 좀 빚어본 사람이라면 더욱 더 쉬울 거다. 그래봤자 너도 만두잖아! 하고 용감해지자.

다 올리면 윗줄 만두피를 덮어준다. 테두리를 꼼꼼하게 붙이되 마지막에 공기가 빠질 구멍을 남긴다. 다시 작업대에 내려놓고 양손을 동그랗게 모아서 옆면으로 스터핑한 부분을 감싸듯 눌러 볼록한 모양을 잡아주고, 만두피를 밀착시킨다. 가장자리부터 누르지 말고 안에서 바깥쪽으로 눌러 밀착시킨다. 공기를 빼낸다는 느낌으로 해보자.
너무 왕만두피 티가 난다 싶으면, 레스토랑에서 나오는 것처럼 사각 혹은 육각으로 잘라도 되고, 양쪽을 주름지게 오므려서 사탕 포장처럼 만들어도 된다. 모양은 원하는 대로 내는 거다. 실온에 오래 두면 만두피가 굳어버리니까 만들면서 먼저 완성된 라비올리는 넓은 용기에 위생비닐로 덮어주며 담아둔다. 특별한 날을 위해 남겨두고 싶다면 냉동실에 보관했다가 먹자.

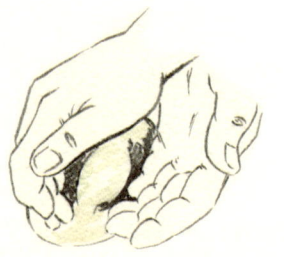 

3 끓는 물에 라비올리를 데친다

냄비에 물을 올리고 소금과 올리브오일을 넣고 끓인다. 물이 끓으면 불을 줄인다. 팔팔 끓는 물에 익히면 터지니까 주의할 것. 라비올리를 하나씩 넣어 서로 붙지 않게 살살 저어주자.

속재료는 익혀서 넣은 거니까 피만 익으면 된다. 투명해지며 위로 떠오르면 바로 건진다. 터지지 않도록 조심조심하자. 이탈리아에서는 라비올리도 씹히는 걸 살려서 알덴테로 먹는다. 소스와 불 위에 또 올라갈 테니 너무 푹 익히지 않도록 하자.

4 라비올리를 소스와 함께 익힌다

사실 살짝 데친 라비올리는 버터로 따뜻하게 코팅해서 치즈만 뿌려 먹어도 맛있고, 올리브오일과 좋아하는 허브를 올려서 그 향만으로 먹어도 된다. 토마토소스와도 잘 어울리고 바질을 살짝 얹어 먹으면 맛있다. 오늘 우리는 상큼한 레몬소스에 버무린 라비올리를 만들 거다.

팬을 올리고 불을 켠다. 팬이 달궈지면 버터와 라비올리를 넣는다. 불이 너무 세면 타거나 군만두처럼 딱딱해질 수 있으니 지글거리는 정도의 중간 불로 낮추자(사실 오래전 라비올리를 튀겨 먹었던 것에서 다양한 라비올리 요리가 시작되었단다). 소금 후추를 해주고, 생크림을 넣으며 약한 불로 줄인다. 생크림을 조금 넣을 땐 센 불일 경우 분리되기 때문이다. 다시 버터를 넣고 소금 간을 한 후 레몬즙을 넣고 잘 섞는다. 불을 끄고, 파슬리 찹을 뿌려주면 완성!

PLATE FOR YOU

기호도 유전적인 것일까? 아버지는 면을 좋아하셨다. 그래서 어머니는 늘 소면을 삶아 채반 가득 타래를 틀어놓으셨고 한다. 내가 면을 좋아하는 것도 그 때문이라면, 이탈리아 사람들은 태어날 때 papa보다 pasta를 먼저 찾았을지도 모른다. 이탈리아 남부 시칠리아에는 12세기부터 건조 파스타가 존재했다. 그때 시칠리아 사람을 부르는 별명이 '마카로니 먹는 사람들 Mangiamaccheroni'이었다. 파스타가 잘 알려지지 않은 때라 마카로니 면이 신기했던 모양이다.

16세기쯤에는 나폴리 사람들이 마카로니 먹는 사람들이라고 불리었다. 시칠리아에서 파스타를 들여와 발전시키고 이탈리아 구석구석으로 퍼뜨린 게 나폴리였기 때문이다. 토마토소스 스파게티도 나폴리 사람들의 작품이다. 유통기간이 길고 이동이 간편하고, 간단히 요리해 먹을 수 있는 파스타는 이탈리아를 넘어 프랑스 프로방스와 영국, 북유럽까지 확산된다. 감자와 함께 사람들의 탄수화물 공급원이 된 것이다. 그러다가 19세기 후반, 미국에서 포장된 스파게티가 발명되며 전 세계로 유통되기 시작했다.

1967년, 이탈리아에서는 건조 파스타를 이탈리아에서 재배한 듀럼밀로만 만들어 유통해야 한다는 법이 통과되었다. 그런 법이 제정되지 않았다면 값싼 수입 밀가루로 파스타를 만들었을 거고, 듀럼밀을 생산하는 농부들은 살기 어려워지고 이탈리아의 식문화도 흔들리게 되었을 거다. 파스타 법이 있다는 건 이탈리아인의 자부심과 정신을 이어가겠다는 의지를 보여준다는 점에서 멋진 일이다.

양식 좀 먹는다는 사람들이 처음 입문할 때 먹는 게 스파게티고, 양식 좀 먹고 나면 무시하는 게 또 파스타다. 예전에는 외식 하면 짜장면이었는데 파스타로 바뀐 거다. 그런데 프랜차이즈 스파게티나 피자는 대부분 이탈리아 스타일의 미국 음식인 경우가 많다. 우리가 이탈리아 음식을 제대로 경험할 기회가 없는 이유다. 하지만 조금만 관심 있게 들여다보면 자연과 세상의 모양을 본떠 반죽하고, 이름을 붙여주고, 그 면에 가장 어울리는 소스를 찾으려고 노력하는 이탈리아인들의 순수하고 열정적인 문화를 그들의 접시에서 느낄 수 있을 것이다.

따뜻하게 데운 접시에 라비올리를
서로 겹치게 기대어
돌려가며 모양을 만든다.

팬에 소스가 남았다면
스푼으로 떠서 남김 없이 위에 뿌리고,
여린 파슬리 잎을 골라 가운데에 올린다.

핑크페퍼 홀을 으깨면서 흩뿌려주면 더욱 맛있다.

CLASS 12

소리의 향, 기다림의 맛

립아이 스테이크 Ribeye Steak

대답하지 않는 재료들과 대화하는 법이 요리다.
상대는 꿋꿋이 절대 입을 여는 법이 없으니 말은 되돌아오고,
어느새 나 자신과 대화하는 것을 발견하고는 피식 웃게 된다.
재료의 이해, 적절한 시즈닝, 불의 세기,
육즙이 퍼지는 시간, 요리사의 경험
그리고 이 모든 것이 맛있게 요리되리라는 믿음이
완벽한 스테이크를 만든다.
달궈진 팬 위의 스테이크가 지글거리고
육즙이 퍼질 때까지 기다려주면,
입을 열지 않던 녀석들도 부엌 가득 말을 걸어올 것이다.

HEART OF FOOD

오늘의 목표는 "스테이크를 팬에서 맛있게 굽자"다. 생각보다 알아야 할 것들이 많아 놀랄 수도 있다. 재료와 조리법이 단순하면 모든 과정이 다 드러나기 때문에 더욱 노하우가 필요하다. 스테이크가 딱 그렇다. 원하는 굽기 정도로 맛있게 스테이크를 굽는 일은 정말 어렵다. 나도 종종 고기를 자르고 나서 아뿔싸 할 때가 있을 정도다.

완벽한 스테이크를 위해서는 크게 5가지가 중요하다. 좋은 재료, 시즈닝, 시어링, 베이스팅, 그리고 레스팅 타임. 우리는 이미 시즈닝과 베이스팅에 대해 알고 있으니 나머지 일들에 집중하자. 곧 육즙이 가득 찬 스테이크를 먹을 수 있게 될 거다.

첫 번째, 좋은 재료. 내가 만들고 싶은 스테이크에 맞는 고기를 사보자. 우리는 소고기 부위를 먼저 선택하고, 예산에 맞게 등급을 결정할 거다. 등급부터 선택하면 예산과 맞지 않을 수도 있으니까. 정육점에서 말할 대사는 "스테이크를 할 등심(원하는 부위)이구요, 투 플러스(원하는 등급)로 주세요. 고기는 2.5cm 두께로 잘라주시구요"다. 그럼, 밑줄 친 부분을 채우기 위한 보기를 알아보자.

먼저 소고기 부위. 소고기가 들어가는 요리는 조리법과 조리시간에 따라 사용하는 부위가 달라진다. 육질이 연하고 조리 시간을 짧게 해야 맛있는 부위는 스테이크나

구이용으로 먹는다. 육질이 질긴 부위는 오래 시간을 들이는 찜이나 탕으로 먹자. 최상급의 소고기라도 질긴 부위를 스테이크로 먹으면 맛이 없다.

오늘은 스테이크로 먹으면 맛있는 부위에 대해서만 얘기해보자. 그런데 정육점에서 고기를 살 때와 스테이크를 주문할 때 쓰는 이름이 좀 다르다. 우리나라와 미국의 소고기 부위 체계가 다르기 때문이다.

먼저 우리의 부위 구분법에서는 등심, 안심 그리고 채끝이 스테이크에 잘 어울린다. 고기 좀 먹는 사람은 등심을 더 좋아하는 경향이 있다. 풍미, 씹는 맛, 지방이 소고기 특유의 맛을 잘 드러내기 때문이다. 등심은 윗등심, 꽃등심, 아랫등심,으로 나뉘는데 그중에서도 등심의 가운데쯤 자리잡은 꽃등심이 가장 맛있다. 육즙이 진하고 소고기 전체에서 마블링도 가장 많고, 잘 움직이지 않는 부위이다 보니 근육이 적어 부드럽다.

채끝은 등심의 뒤쪽에 있는 요즘 스테이크로 많이 쓰이는 부위다. 안심보다는 지방

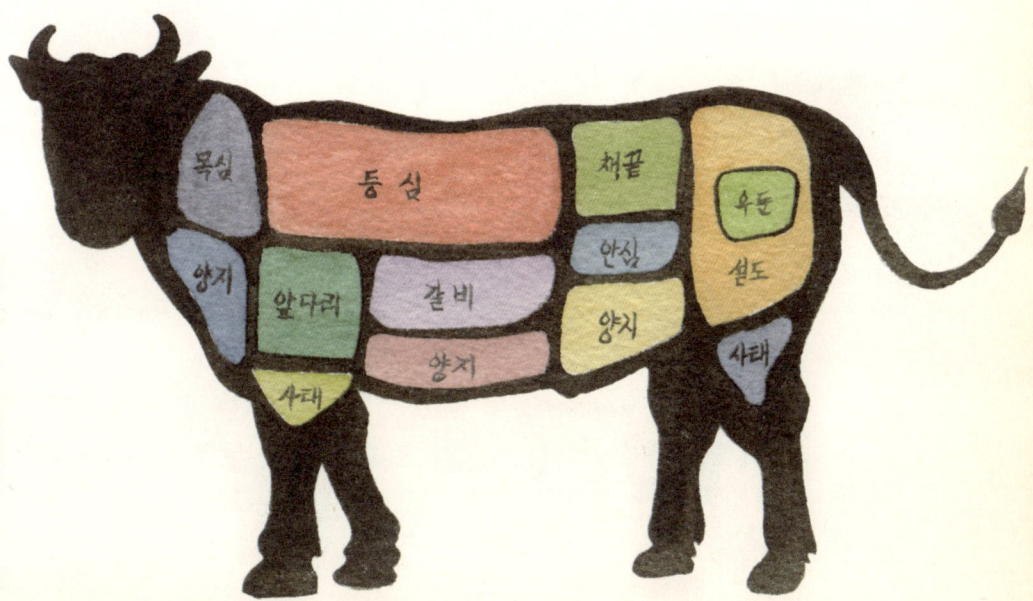

이 많고, 어깨 쪽보다는 마블링이 많고, 가격도 중도를 지키는 녀석이다. 안심은 뼈 안쪽에 있어서 근육이 없고 지방도 적다. 담백하고 연하게 먹을 수 있지만 등심보다는 육질의 맛이 적다.

레스토랑에서 메뉴 이름을 보고 부위가 헷갈렸던 적이 있을 거다. 이번 기회에 확실히 알아두고 본인의 기호에 맞는 스테이크를 자신 있게 주문해보자. 집에서 스테이크를 해먹을 때도 원하는 스타일을 정하고 고기를 살 수 있다. 기름이 많고 부드러운 부위를 좋아한다면 등심 부위를, 담백하고 부드러운 고기를 좋아한다면 안심 부위를, 지방을 포기할 수는 없고 고기를 좀 씹어보고 싶다면 스트립Strip이나 서로인Sirloin을 주문한다. 레스토랑에서 쓰는 스테이크 이름과 부위를 알아보자.

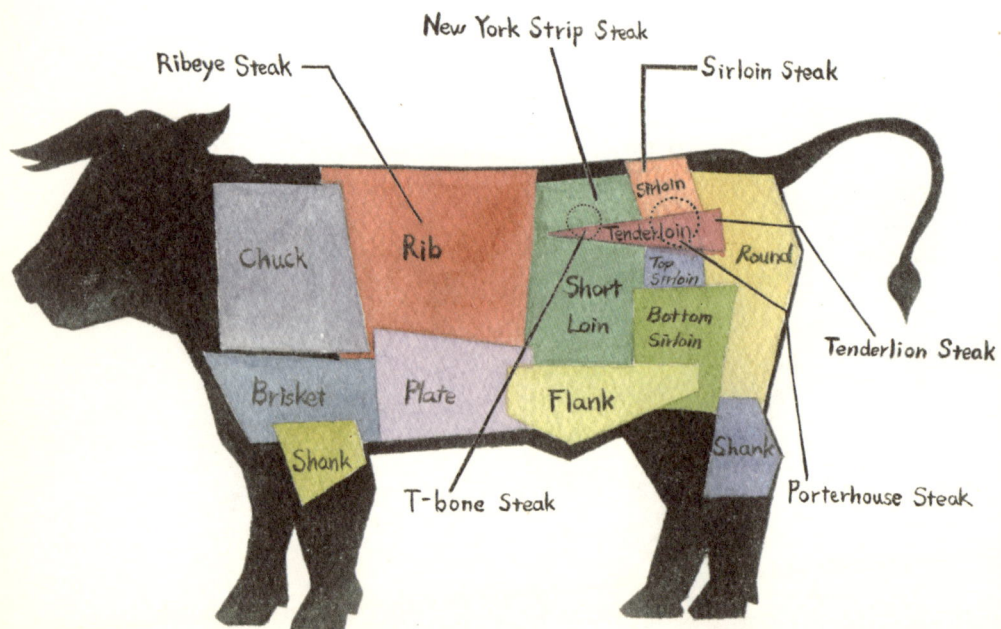

립아이 스테이크 Ribeye Steak 바로 오늘 우리가 구워볼 꽃등심 스테이크다. 자, 립아이와 인사하자. 안녕? 오늘 너를 구워 먹을 거야. 호주나 뉴질랜드에서는 스카치 필레Scotch Fillet, 프렌치 레스토랑에서 앙트르코트Entre Cote라고 부른다. 뼈를 포함한 꽃등심 스테이크가 립 스테이크Rib Steak다.

뉴욕 스트립 스테이크 New York Strip Steak 클럽 스테이크Club Steak라고도 한다. 프랑스에는 콩트르필레Contre-filet라고 부른다. 채끝살을 길게 분리한 것을 스트립Strip이라고 하는데, 분리해놓은 덩어리가 뉴욕 지역을 닮았다고 해서 그런 이름이 붙게 되었다고 한다. 외국에서는 보섭살인 탑 서로인Top Sirloin을 클럽 스테이크로 판매하기도 하고, 우리나라에서도 채끝살에 포함시키기도 한다.

텐더로인 스테이크 Tenderloin Steak 안심 스테이크다. 프렌치 레스토랑에서는 소 한 마리에서 나오는 안심 중 가장 두꺼운 부위인 샤토브리앙Chateaubriand을 비롯하여 투르느도Tournedos, 필레미뇽Filet Mignon 등으로 세분하기도 한다. 이 중 가장 부드럽고 육즙이 풍부한 건 샤토브리앙이다. 정육점 사장님에게 얘기하면 고개를 갸웃하실 수도 있지만, 프렌치 테크닉을 쓰는 레스토랑이나 스테이크 하우스에서는 메뉴 이름으로 쓰인다. 메뉴판에서 발견하면 고개를 끄덕이며 주문하자.

서로인 스테이크 Sirloin Steak 한국에서는 채끝 부위지만 스트립으로 구분되는 채끝보다 좀더 부드럽다. 영국의 찰스 2세가 무척 좋아했다고 한다. 그래서 작위를 받을 만큼 훌륭하다고 로인Loin에 경Sir을 붙였다. 스테이크의 대명사로 불린다.

티본 스테이크 T-bone Steak 스트립 로인Strip Loin과 텐더로인, 즉 등심과 안심을 같이 먹게 된다. 등심과 안심 사이 T자형 뼈에 있는 부위로 등심이 크고 안심이 작다.

포터하우스 스테이크 Porterhouse Steak 티본 스테이크 뒤쪽으로 서로인과 텐더로인을 같이 먹을 수 있다. 안심인 텐더로인은 엉덩이 쪽으로 갈수록 넓어져서 T자 뼈를 중심으로 안심이 더 크고 등심 부위가 작다. 등심이 많은 게 티본 스테이크, 안심이 많은 게 포터하우스 스테이크다.

그 밖에도 스테이크나 구이용으로 쓰이는 부위를 알아보면 알목심인 척아이롤 Chuck Eye Roll, 살치살(꽃살)인 척플랩테일Chuck Flap Tail, 보텀 서로인Bottom Sirloin 부위에 있는 치마살은 스커트Skirt, 부채살인 오이스터블레이드Oyster Blade가 있다. 모두 짧은 시간 조리로 맛있어지는 스테이크 부위다.

등급은 나라마다 정하는 기준과 명칭이 다르다. 우리나라와 미국, 일본은 마블링Marbling이 좋은 고기가 등급이 높다. 마블링은 고기 안의 지방 분포도를 말한다. 마블링이 좋다는 건 지방이 고르게 많이 분포되었다는 뜻이다. 마블링이 가장 좋은 꽃등심 부위는 꽃처럼 지방이 피었다고 붙은 이름이다. 한우는 등급기준에 따라 1, 2, 3등급으로 나누고 1등급만 +를 붙여 1(원), 1+(원플러스), 1++(투플러스)로 구분한다. 1++가 제일 높은 등급. 당연히 비싸다.

국내산 소고기는 한우, 육우, 젖소로 나뉜다. 육우는 고기 생산을 위해 키운 젖소 고기다. 수소인 젖소와 송아지를 낳은 적이 없는 암컷 젖소가 포함된다. 송아지를 낳거나 우유를 생산하던 암컷 젖소는 젖소 고기로 구분된다. 그러니까 고깃집이나 정육점에 '국내산 소고기'라고 쓰인 것도 육우일 수 있다. 육우가 나쁘다는 게 아니다. 그걸 한우처럼 속이는 게 나쁜 거다.

그럼, 우린 어떤 등급을 사야 하느냐. 마블링은 지방 분포도라고 했다. 지방이 많은 게 싫거나, 다이어트 중이라면 등급이 낮은 걸 택해도 된다. 외국에서는 건강을 위해 오히려 마블링이 적은 부위의 고기를 선호하는 경향도 있다. 우리보다 고기를 더 자주 먹는 문화니까. 자기 취향과 상황과 예산에 따라 등급을 결정하기로 하자. 낮은 등급도 육우도 괜찮다. 내가 원하는 고기를 당당하게 주문하자.

마지막으로 스테이크용 고기는 무게가 아니라 두께로 사는 게 좋다. 스테이크는 씹을 때 식감과 육즙이 중요하다. 겉은 바삭하게, 안에는 육즙이 가득하게 먹어야 제맛이다. 두께로 사면 정육점 사장님이 싫어하실 수도 있다. 너무 두꺼우면 익히기 어렵다고 회유하실 수도 있다. 하지만 3cm 이상으로 두껍게 사자. 2인분을 준비한다면 두 조각으로 사는 대신, 5cm 두께의 스테이크 한 덩이를 사서 나눠 먹자. 얇은 두 조각보다 두꺼운 한 조각이 원하는 대로 익히기에 적합하고, 고기 좀 먹었다는 느낌을 준다. 정육점과 생선가게 사장님과 친해지면 요리하는 데에 든든한 지원군을 얻는 것과 같다.

소고기를 사는 데만도 참 오래 걸렸다. 이제는 굽자! 완벽한 스테이크를 위한 두번째 노하우는 시어링Searing이다. 야채나 과일 등이 골든 브라운을 띠며 캐러멜라이즈가 되는 것처럼 고기가 골든 브라운으로 변하는 현상을 마이야르 반응-Maillard Reaction이라고 한다. 마이야르 반응으로 고기가 골든 브라운이 되도록 센 불에서 노릇하게 굽는 과정이 바로 시어링. 시어링은 맛을 위해 꼭 필요한 과정이다. 골든 브라운으로 구워 끌어낸 풍미와 크리스피한 텍스처가 스테이크의 맛을 살리기 때문이다. 초기 요리사들은 시어링을 하면 코팅이 되어 육즙을 가두는 효과가 있다고 믿었지만 과학적으로 그렇지 않다고 밝혀진 지 오래다. 시어링을 어떻게 하는지는 주방에서 직접 만들며 자세히 알아보자.

완벽한 스테이크를 위한 세번째 방법은 고기에게 레스팅 타임Resting Time을 주는 거다. 이름 그대로 고기를 구워 팬에서 뺀 다음 잠깐 휴식하는 시간이다. 불에서 고생한 스테이크에게 잠시 마음의 준비를 할 시간을 주는 거다.

동물성 단백질에 열을 가하면 수축한다. 육즙이 한쪽에 모이게 되는 거다. 쉴 시간 없이 접시에 올라가서 잘리면 모여 있던 육즙들이 쫙 흘러버린다. 우리가 먹어야 할 맛있는 육즙을 접시에 양보하는 거다. 레스팅 타임을 주면 수분이 천천히 골고루 퍼져 육즙을 고기와 함께 먹을 수 있다.

보통은 5~10분을 얘기하는데, 두께에 따라서 조금씩 다르기 때문에 고기를 굽는 시간의 3분의 1 정도를 레스팅 타임으로 보면 된다. 스테이크가 차가워지면 안 되니까 소스를 만들고 있는 불 옆이나 고기를 구웠던 화구 위에 올려두자. 온도를 더 지키고 싶다면 호일로 감싸서 보호해줘도 좋다.

이쯤이면 완벽하게 맛있는 스테이크를 구울 준비가 다 되었다. 주방으로 가서 고와 농밀한 대화를 나누며 요리를 시작해보자.

IN THE KITCHEN

스테이크를 구울 팬은 되도록 두께가 두껍고 무거운 팬을 고른다. 달궈지는 데에는 시간이 좀 걸리지만 팬에 열이 전체적으로 퍼져서 일정하게 온도를 유지해야 고기도 고루고루 익기 때문이다. 주물팬Cast Iron Skillet을 사랑할 수밖에 없는 이유다.

필요한 것들

3cm 두께의 꽃등심(립아이) 한 덩이, 혹은 원하는 부위의 소고기. 올리브오일 30㎖, 버터, 소금과 후추를 준비한다. 소스는 드라이한 레드와인 250㎖와 홀그레인 머스터드 1Tbsp, 버터 10g, 소금, 후추.

1 고기를 시즈닝한다

소금 후추로 시즈닝을 하기 전에 고기를 언제 구울지 결정하자. 만일 지금부터 40분 이후에 고기를 구울 거라면 미리 시즈닝해둔다. 그 이전에, 그러니까 40분 내에 구울 거라면 굽기 직전에 시즈닝하는 게 좋다. 시즈닝을 하면 삼투압현상 때문에 수분이 빠져나온다. 그러면 팬을 아무리 뜨겁게 달군다고 해도 시어링에 방해가 된다. 팬의 열이 수분을 날리는 데 쓰여서 골든 브라운 색을 내기가 어렵다. 또 수분이 빠져나와서 굽는 동안 기름이 엄청나게 튀어 당황할 수도 있다. 그런데 40분이 지나면 빠져나갔던 수분과 소금이 내부 깊숙이 결합조직으로 침투해 고기 안으로 모이게 된다. 그러면 고기가 더 부드러워지고, 간도 잘 배고, 시어링을 방해하지도 않는다. 만일 하루이틀 뒤에 구울 거라면 올리브오일과 소금 후추로 시즈닝해서 냉장고에 보관하자. 산소를 막아줘서 고기를 보존해준다.

시즈닝을 언제 하든 구울 고기는 냉장고에서 바로 나와 너무 차가운 상태면 안 된다. 시어링은 온도가 중요한데, 고기의 찬 기운이 팬의 온도를 낮추기 때문이다.

우리는 바로 구울 거니까 소금과 후추로 시즈닝을 하자. 앞뒤는 물론 옆면까지 꼼꼼하게 뿌려준다. 고기의 크기나 두께가 전부 다르기 때문에 정확히 소금을 몇 그램 쓰라고 말하기는 어렵다. 하지만 죽염처럼 고운 소금은 안 된다. 고기에 닿자마자 녹아서 소금을 얼마나 뿌렸는지 알 수가 없다. 꽃소금 정도로 입자가 눈에 보이는 소금을 쓰자.

스테이크에 소금은 중요하다. 그런데 이럴 수가! 스테이크는 요리하는 사람이 간을 볼 수 없는 음식이다. 그래서 간을 할 땐 나 자신을 믿는 수밖에 없다. 하지만 예측은 할 수 있다. 시즈닝에 쓸 소금을 먹어보고 '이 두께의 고기에, 이 정도로 촘촘하게 간을 해서 구우면, 이런 맛이 난다'와 같은 데이터를 쌓는 거다. 그게 쌓이면 소금과 고기가 만났을 때 어떤 맛이 날지 예측할 수 있게 된다. 소금과 후추를 골고루 뿌렸다면 드디어 굽기로 들어간다.

2 센 불에 시어링한다

우리는 미디움 레어로 구워볼 거다. 불과 가까운 곳에 레스팅 타임 때 고기를 쉬게 할 접시를 놓아 따뜻하게 해주자. 두꺼운 팬을 올리고 센 불에서 올리브오일이나 식물성 기름을 넣고 달군다. 기름이 많은 게 아닌지 의심하지 말자. 약간 흥건한 게 맞다. 지나치게 흥건하면 튀김이 되어버리니 기름을 충분히 세 바퀴 정도 돌리는 느낌으로 뿌리면 된다.

앞에서 얘기한 마이야르 반응은 155℃ 이상일 때 나타난다. 충분히 뜨거워질 때까지 기다리자. 고기를 넣는 타이밍을 알아볼 방법은 간단하다. 집게로 고기를 집고 팬에 살짝 넣을까 말까 해본다. 치지지지직. 우리가 너무나 많이 들어본 익숙하고도 맛있는 소리가 나면 다 된 거다. 소리가 안 나거나 잘 안 들리면 좀더 기다리자.
치익 하고 맛있는 소리를 내며 고기가 팬에 올라갔다. 이제부터 시어링 타임이다. 집게로 고기의 앞뒤 면과 옆면까지 골든 브라운 색을 내도록 구울 거다. 고기의 무게가 있기 때문에 가운데 쪽에 기름이 안 들어갈 수 있다. 살짝살짝 움직여 기름이 골고루 묻게 해줘야 지방과 단백질이 노릇하게 맛있는 갈색으로 익는다.
기름이 촉촉하게 묻은 고기를 뒤집는 간격은 10초 정도를 기준으로 한다. 하지만 처음에 고기를 넣었을 땐 팬의 온도가 낮아질 수밖에 없기 때문에 시간에 집착하지 않아도 된다. 왜냐하면 여러 번 뒤집어줄 거니까 조금씩 색이 달라도 된다.
여기서 잠깐, 소고기는 한 번만 뒤집는다거나 여러 번 뒤집으면 안 된다는 논란이 있다. 고깃집에서는 그럴 수 있다. 고기가 얇기 때문에 불판이 달아오를 때까지 기다렸다가 센 불에서 칙칙 앞뒤만 살짝 구워 먹는 거다. 그런데 스테이크는 두껍다.

한 번만 뒤집어 굽는다고 맛있는 스테이크가 되는 게 아니다. 우리가 레스토랑에서 먹었던 스테이크들은 모두 요리조리 몇 번씩 뒤집어서 구운 거다.

시어링을 할 때 여러 번 뒤집어줘야 열이 고루 전달된다. 모든 면이 대칭으로 익어가야 하니까 고기를 두세 번 만에 뒤집어서 구워야 한다는 걱정은 뒤로하고 마음껏 뒤집자. 앞뒷면뿐만 아니라 옆면도 신경 쓰자. 어느 한 면도 빠짐없이 노릇하고 바삭하게 골든 브라운으로 굽는 게 중요하다.

모든 스테이크의 겉면은 노릇해야 한다. 하지만 의도한 스테이크 굽기 정도에 따라 시어링을 어느 정도 할지 결정해야 한다. 시어링을 마치면 중불에서 의도한 굽기 정도에 맞춰 익힐 거다. 우리의 스테이크가 어떤 모습일지 상상해보자. 예를 들어 레어로 구울 거라면 시어링에서 색을 다 내고 불을 줄여 속만 따뜻하게 해준다. 미디엄 레어는 살짝 노릇해질 때까지만 굽는다. 속을 익히는 동안에 겉이 더 노릇해질 테니까. 반면 웰던으로 먹을 사람은 시어링을 덜 해줘야 약한 불에서 오래 익혀도 겉이 타지 않는다.

3 불을 줄이고 베이스팅을 한다

시어링이 끝나고 겉이 노릇해지면 중간 불로 줄이고 베이스팅에 들어간다. 레어로 굽는다면 이 과정은 건너뛰고 바로 4단계로 넘어간다. 덜 구울수록 시간을 짧게 해야 한다. 팬을 살짝 기울여 기름을 스푼으로 떠서 고기의 중심에 끼얹어주자. 고기 뒤집는 것도 소홀히 하면 안 된다. 끼얹고 뒤집고, 끼얹고 끼얹고 뒤집고, 정신없겠지? 스테이크를 굽는 동안은 고기에 집중하자. 베이스팅을 하면 고기가 촉촉해지고 육즙도 풍부해진다. 익는 시간도 30%나 줄인다. 그러니까 육즙이 한쪽으로 몰리지 않도록 계속 뒤집으며 대칭을 맞춰 익히자. 너무 익어버릴 가능성이 높으니 옆면은 따로 익히지 않아도 된다.

스테이크 굽기 정도 Steak Temperature 스테이크를 주문할 때 굽기 정도를 선택하는 건 참 쉽지만, 직접 요리할 땐 난감해진다. 원하는 정도로 굽는 게 쉽지 않다. 조리용 온도계가 있다면 간편하겠지만, 없는 사람이 더 많다. 일단 굽기 정도에 대해 알아야 구울 수도 있겠지?
크게 5단계로 나눈다. 가장 덜 익힌 정도대로 살펴보면 레어, 미디움 레어, 미디움, 미디움 웰, 미디움 웰던 순이다. 프랑스에는 레어보다 덜 익힌 블뢰Bleu라는 단계도 있다. 고기의 온도를 재보면 레어는 49℃, 한 단계마다 5℃ 정도 올라가는데 셰프마다 조금씩 다르고, 한국은 더 굽는 편이다. 물론 온도계를 꽂지 않는 이상 알 수 없다. 상식으로 알아두고 눈으로 익숙해지는 게 제일 좋다.
내 몸에 흐르는 피가 36.5℃, 우리가 마시는 뜨거운 음료가 60~65℃ 정도다. 그러니까 레어는 피가 흐르는 차가운 고기가 아니다. 따뜻해야 한다. 사람들이 레어에 편견을 갖게 되는 것도 제대로 굽지 않은 차가운 레어 때문이다. 차라리 육회를 먹으면 맛있을 텐데. 겉이 노릇하게 구워져서 지방이 맛있게 색과 향을 내는 레어는 정말 맛있다.
웰던을 먹는다고 부끄러워하지도 말고, 무시하지도 말자. 내 돈 내고 먹는 건데 말이다. 웰던을 잘 굽는 집에 가서 맛있게 먹자. 겉은 노릇하고 안쪽 살은 다 익었지만 육즙이 남아 있어서 잘랐을 때 레어만큼은 아니지만 촉촉해야 한다.

레어 49℃ 120℉
미디움 레어 54℃ 130℉
미디움 60℃ 140℉
미디움 웰 65℃ 150℉
웰던 70℃ 160℉

레어는 단백질이 익어서 결은 보이지 않고 붉은 부분이 많다. 미디움은 거의 다 익었고 살짝 핑크빛이 도는 정도다. 웰던은 완전히 익힌 상태지만 육즙이 남아 있다.

원하는 만큼 구워졌는지 확인하기 위해 고기를 눌러보기도 한다. 고기는 익으며 단단해진다. 생고기일 때와 익혔을 때의 차이를 감각으로 입력시켜두자. 미디움 레어는 칼을 가운데 살짝 꽂았다가 빼고는 입술에 대봤을 때 차갑지 않은 정도로만 익히면 된다. 아주 뜨거워도 안 된다.

4 버터로 풍미를 더해준다

원하는 정도로 거의 다 구워졌을 때 버터 30g을 넣는다. 고기 크기에 따라서 조절한다. 팬을 약간 기울여서 위쪽에 버터를 두면 녹으면서 스르르 밑으로 흐를 거다. 고기를 살짝 들어 뒷부분에도 묻힌다. 다시 베이스팅 시작. 버터로 오래 베이스팅 하면 타버리니까 끝내기 2분 전쯤에 넣어 풍미만 주자. 버터를 태우지 않도록 신경써야 한다. 미디움 레어는 8분 정도 굽는다고 생각하면 된다.

5 레스팅 타임을 주고 소스를 만든다

고기를 팬에서 꺼내어 따뜻해진 접시에 올린다. 접시를 전자레인지에 30초 정도 데워도 된다. 오븐에 들어가는 열전도율이 좋은 스테인리스나 알루미늄 트레이가 있다면 레스팅 타임에 안성맞춤이다. 고기를 담은 접시는 불과 가장 가까운 곳이나 방금 썼던 화구 위에 올려둔다. 쿠킹호일로 뚜껑을 만들어 덮어두면 온도를 유지하기 더 좋다. 따뜻하게 유지만 하는 거다. 더 익히면 안 된다.

고기를 구운 팬에서 소스를 만들자. 팬에서 고기를 꺼내면 온도를 뺏던 묵직한 녀석이 사라진 탓에 열이 확 오르며 급속도로 기름이 타기 시작한다. 기름이 너무 많으면 살짝 버리고 재빠르게 레드와인을 붓자. 불은 약불이다. 알코올이 어느 정도 날아가면 홀그레인 머스터드를 넣고 잘 섞은 다음 버터를 넣고 졸인다. 쉬고 있는 고기에서 흘러나온 육즙은 소스에 넣는다. 한 방울까지 다 먹겠다는 생각을 갖자. 곧 시럽보다 조금 흐르는 정도의 농도가 나온다. 팬에 스테이크를 한 후 남은 소금 간이 있으니 소금은 아주 살짝만 뿌리고 간을 보자. 소스는 맛을 볼 수 있다는 즐거운 사실! 후추를 좋아하면 페퍼밀로 갈아서 넣는다. 소스 만드는 데 시간이 너무 오래 걸리면 어렵게 구운 스테이크가 식어버린다. 6~7분 내에 끝내자.

소스를 뿌리지 않고 따로 내거나 홀그레인 머스터드와 소금, 후추랑 같이 먹어도 고기 본연의 맛을 느낄 수 있다. 소스는 선택하기로!

스테이크에 어울리는 가니처

고깃집에서 곁들이는 것 중 좋아하는 게 있다면 가니처로 선택해보자. 스테이크를 구운 팬에 마늘을 구워 가니처로 먹고, 그 기름에 소스를 만들면 맛있겠지? 양송이 버섯과 양파에 소금 후추 하고 육즙에 구워 먹어도 좋다. 프렌치 어니언 수프를 만들 때 저장해둔 양파 마멀레이드도 가니처로 훌륭하다. 상추쌈을 좋아한다면 샐러드로 곁들이자. 열 때문에 숨이 죽어 지저분할 수 있으니 따로 담는 게 좋다. 아스파라거스도 좋지만, 잔파를 버터에 볶아 곁들이면 우리 입맛에 잘 맞는다. 토마토는 콜레스테롤을 낮춰주고 맛도 잘 어울린다. 팬에 방울토마토를 여러 개 구우면 토마토의 즙으로 소스를 대신할 수 있다. 접시에서 가니처는 고기에 가깝게, 혹은 고기 아래 깔거나 위쪽에 예쁘게 올린다. 소스는 고기와 멀리 놓자.

PLATE FOR YOU

스테이크를 자연스럽게 잘라 먹는 법! 스테이크가 눈앞에 있다. 내가 먹을 만큼의 크기를 정하고 한 번에 한입씩, 먹을 때마다 잘라 먹자. 자르고 싶은 크기의 중간쯤에 포크를 올려 고기를 고정시키고 자른다. 가운데를 잘라버리면 육즙이 빠져나가 맛이 없으니까 가장자리부터 시작하자. 오른손잡이라면 왼쪽 가장자리부터 잘라 먹는 게 자연스럽다. 오른쪽부터 시작하면 자르고 나서 포크를 빼서 다시 고기를 찍어 먹어야 한다. 뭔가 어색하다.

사실 스테이크를 어떻게 먹는지가 중요한 게 아니다. 그렇게 먹는 사람을 비하하거나 무시해서도 안 된다. 다만 더 자연스럽고 쉽게 그리고 여유롭게 먹을 수 있는 방법을 말하는 거다. 음식을 먹는 자세나 태도가 나를 보여주기도 하니까.

드라마 속 커플들이 스테이크를 먹을 때 종종 이런 장면을 연출한다. 남자가 다정하게 조각조각 잘라서 여자 앞에 놓으면 그녀는 감동한 눈빛으로 그를 바라본다. 만일 그 여자가 나였다면 육즙이 다 빠지고 식어버린 고기를 먹으라는 그 남자에게 스테이크 먹는 법을 친절하게 처음부터 알려줬을 텐데. 다시 그러지 못하도록 말이다.

칼로 자르는 요리, 특히 스테이크처럼 힘이 들어가는 요리는 바닥이 평평한 접시에 올린다. 가운데에 높이가 있는 접시는 뒤뚱거려서 위태롭게 칼질을 해야 하니까.

허브의 향이 있는 스테이크를 원하면 구울 때 로즈마리나 타임을 줄기째 넣고 같이 구우면 향이 배겠지?

탄수화물을 채워줄 감자 매시를 가운데 놓고 고기를 살짝 왼쪽으로 둔다.

잔파를 데쳐서 버터에 소금 후추하며 살짝 볶으면 훌륭한 가니처가 된다.

소스는 고기 위에 뿌리지 말자. 먹는 사람이 봤을 때 접시 앞쪽에 스푼으로 우아하게 그린다. 접시의 반 정도만 뿌리기. 소스를 찍어 먹지 않는 사람도 배려하기 위해서다.

CLASS 13
우리가 기억하는 따뜻함에 대하여

포토푀 Pot au Feu

좋은 재료가 맛있는 요리가 된다.
하지만 아무리 좋은 재료라도 방법이 나쁘면 요리를 망치고 재료도 잃게 된다.
어떤 요리에는 시간이 필요하다. 하지만 오랜 시간 익힌다고 다 맛있어지는 건 아니다.
간이 잘못되면 조리의 순서를 바꿔 혀를 속일 수 있다. 그렇다고 훌륭한 요리가 되는 건 아니다.
포토푀를 끓이면 알게 된다.
사람도 음식도 시간만으로 완성되는 것이 아니며,
오래도록 따뜻한 기억으로 남는 요리에는 진실한 마음의 양념이 필요하다는 것을.

HEART OF FOOD

프랑스 19세기 음식문화의 상징이 된 포토푀는 소고기와 야채를 삶아서 만드는 국물요리다. '불Feu 위의 솥Pot'이란 이름 그대로, 다른 도구나 특별한 기법 없이 오래 끓여낸다. 전통적인 포토푀는 네 종류 이상의 쇠고기를 넣어 진한 국물과 여러 가지 고기를 골고루 먹을 수 있다. 시간이 오래 걸리지만 다 함께 푸짐하게 먹을 수 있는 게 장점이다. 그런 의미에서 코코뱅과 비슷하다. 온 가족이 함께 나눠 먹는 따뜻한 마음이 담긴 음식이니까.

추운 겨울, 벽난로에서는 커다란 무쇠솥이 오래도록 끓고, 집 안은 고기 향내와 수증기로 가득하다. 눈길을 걸어온 누군가가 문을 연다. 따뜻한 공기가 위로처럼 그의 몸과 마음을 감싸며 반겨준다. 맛있는 수증기가 공간을 다 채우는 느낌, 그런 게 나에게는 포토푀의 이미지다. 요리의 포인트는 별거 없다. 좋은 고기를 산다. 오래 끓인다. 끓이면서 거품을 잘 걷어내며 시간과 정성을 들이면 고기와 야채에서 맛이 우러나온다. 정말 기본적인 거고 굉장한 테크닉이 필요한 것도 아니다. 그런데 생각해보면 우리는 국물을 많이 먹는 문화인데도 그런 음식을 먹은 지 너무 오래됐다. 재료만으로 우려낸 순수한 국물의 맛이 그리운 날, 포토푀를 만들기로 하자.

소고기는 여러 가지 부위를 함께 쓴다. 물에 넣고 오랜 시간 끓이는 것이므로, 뼈가 붙은 부위로는 국물맛을 내고 오래 익혀야 부드러워지는 부위로는 고기를 즐기는 거다. 우리로 치면 갈비탕에 수육이 합쳐진 거라고 생각하면 쉽다. 살짝 구워야 맛있는 부위는 스테이크로 먹자.
우리는 다음의 세 가지 고기를 쓰기로 하자. 먼저 사태Shank는 다리 쪽의 고기다. 아무래도 많이 움직이는 부위이다 보니 근육이 발달되어 있다. 구우면 질기지만 오래 끓이면 살결이 살아 있고 연하면서도 담백한 맛을 낸다. 다음은 양지Brisket/

Plate. 고기와 지방이 층을 이루는 우삼겹, 양지머리 업진살, 차돌박이가 속한 부위다. 결합조직이 많아 오래 끓이면 국물맛이 좋고, 육질이 촉촉하게 익는다. 마지막으로 소꼬리Ox Tail. 한국에서만 꼬리곰탕을 먹을 것 같지만, 서양이나 동남아에서도 수프나 찜으로 즐겨 먹는다. 뼈, 연골 그리고 살코기로 이루어져 오래 익히거나 국물을 내면 콜라겐과 젤라틴이 진한 풍미로 우러난다.

그밖에 포토푀를 만들 수 있는 부위는 우둔살, 목심, 갈비 등이 있다. 우둔살Round은 소의 볼깃살로, 뒷다리에서 가장 연하고 담백한 맛이 난다. 불고기, 국거리, 육포, 샤브샤브, 육회로 쓰인다. 목심Chuck은 보통 국거리로 쓴다. 움직임이 많아 결이 거칠지만 씹는 맛이 좋다. 삶아서 맛을 내는 요리에 적합하다. 갈비Rib/Short Rib는 살코기 함량이 풍부하고, 근육이 많아 오래 익혀도 결이 살아 있다. 본갈비와 꽃갈비는 구워 먹고 참갈비로 탕이나 찜을 끓이자. 갈비 양쪽 끝에서 나오는 마구리 갈비는 지방이 많지만 국물을 내면 구수하고, 갈비에 비해 값이 저렴하다. 이러고 보니, 소는 울음소리 빼고 다 먹는다는 이야기가 맞는구나 싶다.

우리가 만들 포토푀는 가정식이다. 레스토랑이라면 국물을 더 맑고 깔끔하게 내겠지만, 가정식은 그냥 장작불에 솥 하나 걸어놓고 재료를 다 넣은 다음 와인을 마시며 수다를 떨다가 다 되었다 싶을 때 고기도 잘라 먹고, 국물도 나눠 먹는 그런 음식이다. 야채를 처음부터 함께 끓이면 조직이 파괴되면서 조금 탁해지는데, 그건 그것대로 진하고 맛있다. 깔끔한 국물을 원하면 40분쯤 후에 야채를 넣고 끓여도 되지만, 우리는 처음부터 끓이자. 40분간 고기가 혼자 외로워할 테니까.

IN THE KITCHEN

포토푀 레시피는 여러 갈래가 있다. 고기만 넣고 끓이다가 미르포아와 부케가르니를 넣기도 하는데, 나는 고기에 풍미를 주는 향신료와 야채를 처음부터 같이 끓이자는 데에 한 표. 우리는 한 냄비에 넣고 푹 끓일 거다.

필요한 것들

양지 400g, 사태 400g, 꼬리뼈 400g, 혹은 앞에서 포토푀에 어울린다고 했던 부위도 좋다. 미르포아로 들어갈 양파 2개, 당근 1개, 셀러리 2줄기. 굵은 소금. 부케가르니는 대파 흰 부분 2개, 월계수잎, 통후추 1Tbsp, 정향 3개, 타임 줄기 20g. 마늘 8알을 넣자. 곁들일 가니처 야채는 표고버섯 9개, 무 1/2개, 당근을 준비한다.

1 고기와 야채를 손질한다

키친타월을 깔고 양지와 사태를 올려둔다. 수분을 빼는 거다. 꼬리뼈는 찬물에 담가놓고 다른 재료들을 준비하기로 하자. 미르포아의 크기는 조리 시간과 비례한다. 양파는 반으로 자르고, 무도 4cm 이상으로 두껍게 자른다. 당근도 껍질을 벗겨 4cm 정도로 툭툭툭, 셀러리는 반만 자르고 대파는 흰부분만 7cm 정도 잘라 준비한다. 포토푀는 우리의 고깃국이나 설렁탕과 향신료에서 차이가 있다. 부케가르니는 국물 팩이나 망에 넣어서 준비한다. 국물을 끓인 후 체에 거르긴 하겠지만 걸러지지 않을 수 있으므로 마른 타임 가루는 되도록 쓰지 않는 걸로.

이번엔 가니처로 곁들일 야채들 차례다. 무와 표고버섯은 처음부터 넣고 같이 끓이지만 나머지 재료들은 나중에 넣어줄 거다. 표고버섯은 꼭지만 자르고, 흙이나 먼지를 키친타월이나 깨끗한 행주로 닦아준다. 양배추는 1/4조각으로 잘라놓는다. 나머지는 내일 다시 끓여 먹을 때 또 곁들이면 된다. 당근은 2cm 두께로 동그랗게 툭툭툭.

2 재료를 한 솥에 넣고 2시간 30분~3시간 끓인다
준비한 재료들이 다 잠기고 최소 2배 정도의 물이 들어갈 만한 크기의 냄비를 찾자. 가스레인지에 냄비를 올리고 세 종류의 고기와 미르포아로 넣을 양파, 당근, 셀러리, 그리고 무와 표고버섯을 투하! 그리고 물을 가득 채우자. 여기서 '가득'은 냄비의 80%다. 그래야 끓더라도 넘치는 재앙을 맞이하지 않는다.

물이 끓으면 부케가르니를 넣으며 중약불로 줄인다. 끓어오르는 거품을 걷어내야 하는 건 이제 당연히 알 거다. 그렇게 2시간 30분에서 3시간 정도 끓인다. 고기 부위와 크기에 따라 익히는 시간이 다르므로 2시간쯤 됐을 때 고기가 부드럽게 익고 있는지 확인하고, 너무 익어서 살이 떨어질 것 같은 녀석들은 따로 빼낸다. 소꼬리나 갈비, 다리뼈 등의 뼈 부위는 더 익혀준다.
이때 2시간 30분이란 찬물에서부터 시작해서 재는 게 아니라 물이 끓기 시작할 때, 그러니까 온도가 올라갔을 때부터 끓이는 시간을 말한다. 솥이 크고 내용물이 많을수록 온도가 올라가는데 시간이 걸린다는 걸 감안하자.
찬물에서부터 끓이는지, 아니면 물을 끓이고 나서 고기를 넣는지는 셰프마다 여러 가지 얘기가 있다. 국물을 먹는 우리 문화에서는 찬물에서부터 넣고 끓이는 게 자연스럽다. 고기 국물에서 진한 맛이 나지 않으면 뭔가 부족하게 느껴진다. 하지만 서양요리에서는 국물보다 주재료, 고기를 중요하게 여기기 때문에 나중에 넣는 방법을 택하는 거다. 만일 국물보다 고기가 중요하다고 생각한다면 물이 끓을 때 고기를 넣어도 된다. 그러면 육즙이 가둬진 고기를 먹을 수 있다. 하지만 국물에 고기

맛이 진하게 우러나오지는 않겠지? 그건 문화와 기호의 차이니까 선택하자.

1시간 30분 정도 끓었을 때 무는 가니처로 곁들여 먹을 거니까 미리 건져낸다. 계속 끓이다가는 나중에 건져낼 때 부서질 수도 있다. 무를 건지고 굵은 소금 한 줌을 넣는다. 처음부터 넣지 않고 중간에 넣는 건 소금이 처음부터 들어가면 고기가 질겨질 수 있기 때문이다.

이건 삼투압에 대한 얘기다. 오랜 시간 끓이는 요리에 간을 먼저 세게 하면 재료 안에 있는 맛들이 충분히 빠져나오지 못한다. 스테이크랑 정반대다. 스테이크는 맛이 빠져나오면 안 되지만, 포토푀는 빠져나와야 한다. 그런데 바깥의 농도가 더 짙으면 고기들이 응축되어서 결국 질겨진다. 그래서 충분히 끓여서 풀어졌을 때 소금을 살짝 넣는 거다. 앞으로 30분을 더 끓여야 하니까 아주 살짝 밑간만 해주자.

끓이는 동안 또 할 일이 있다. 포토푀 옆에 기름을 두르지 않은 팬을 올려 달군 후 자른 양배추의 양면을 골든 브라운으로 굽자. 가니처로 먹을 거다. 양배추는 쪘을 때 흐물거리는데 이렇게 구워두면 식감이 좋다. 또 스톡의 색깔이 조금 진해지고 양배추의 시원한 단맛도 더해진다.

3 국물을 체에 거르고 가니처 야채와 한 번 더 끓인다

드디어 뼈에 붙은 고기까지 다 익었다면 고기와 표고버섯을 건져내고 국물에 마무리 간을 해준다. 국물은 체에 걸러 다른 냄비에 담아 다시 불 위에 올리자. 그리고 가니처로 먹을 야채들, 당근과 양파를 넣고 익힌다. 당근처럼 시간이 걸리는 야채를 먼저 익히고, 양배추를 완성하기 10분 전쯤 마지막으로 넣는다. 가니처가 모두 익으면 포토푀 완성!

PLATE FOR YOU

포 토푀를 즐기는 네 가지 방법! 포토푀를 이렇게 담아보면 어떨까? 첫 번째는 우리의 전골처럼 냄비째 식탁에 올려놓고 각자 먹는 거다. 경쟁하는 재미를 즐기며 남들이 다 먹기 전에 좋아하는 부위를 먼저 확보해서 이기적으로 맛있게 먹어보자.

두번째는 프랑스 가정식처럼 담는 거다. 좀더 그럴듯하게 먹자면 고기를 수육처럼 살짝 두껍게 잘라주고, 익힌 가니처와 함께 담는다. 그리고 국물은 맑은 수프처럼 수프볼에 따로 담아주는 거다.

비스트로 식으로 따로 담아서 먹을 수도 있다. 바로 옆 그림을 보자. 살짝 오목한 접시를 따뜻하게 데우고 자른 고기를 종류별로 담는다. 당근, 표고버섯은 먹을 만큼 고기 옆에 놓고 양배추를 접시 가장자리에 올린 후 국물을 뜨겁게 해서 담아낸다.

포토푀를 끓인 다음날, 남은 국물을 한번 더 끓여서 쌀국수를 해먹자. 이런 요리들은 다음날 끓였을 때 더 맛있다. 쌀국수를 찬물에서 20분 정도 불린다. 건져서 국수 그릇에 담고 고기를 슬라이스해서 국물에 살짝 데친다. 국수 위에 고기, 홍고추 슬라이스, 숙주를 올리고 뜨겁게 데운 포토푀 국물을 담은 후 레몬 웨지를 올려주면 정말 맛있는 베트남 쌀국수를 먹을 수 있다. 어떤 가게도 이렇게 진한 국물을 우려주는 곳은 없다. 미안하지만 다시는 사먹는 쌀국수에 만족하지 못할 수도 있다!

탄수화물이 부족하다면 감자를 함께 먹어도 좋다.
고기 국물과 함께 삶으면 탁해지니까 작은 냄비에 따로 삶아주자.

고기는 종류별로 하나씩
골고루 담아주자.

소고기를 찍어먹을 수 있게
소금과 홀그레인 머스터드를 따로 담고,
달지 않은 오이피클을 같이 낸다.

CLASS 14
오늘은 즐거움을 굽는 날

로스트 덕 Roast Duck

시간은 누구에게나 평등하게 주어지지만,
온전히 자신만의 것은 아니다.
저당 잡힌 시간이 너무 많다는 걸 문득 깨달을 때,
둘러보니 주위가 갑자기 낯설고
혼자 너무 멀리 나와 있는 것만 같이 느껴질 때
사람들을 불러모으자.
오리를 손질하고 맛있는 허브로 속을 채우면,
세 시간 뒤에는 분명히 행복해진다.
오로지 자신과 사랑하는 사람들로 채워지는 시간,
로스트 덕을 굽는 날이다.

HEART OF FOOD

영화 놀이를 해보자. 그리운 사람, 보고픈 사람, 얘기하고 싶은 사람, 알고 싶었던 사람… 모두모두 불러모아 파티를 열자. 오리 한 마리를 준비해서 오븐에 넣어두고 잊은 듯이 파티를 즐기는 거다. 샐러드랑 수프도 먹고 애피타이저도 멋지게 한 접시씩 나눠주며 정신없이 놀다 보면 어디선가 알람이 울린다. 그러면 슬쩍 빠져나가 예쁜 드레스로 갈아입고 큰 접시에 오리 한 마리를 담아 짜잔 다시 나타나는 거다. 깜짝 놀라는 사람들 앞에서 오리의 배를 가르면 황금알을 낳는 오리처럼 그 안에서 맛있는 게 막 쏟아진다. 우와 하는 환호와 박수가 나오고, 즐거움은 정점으로 치닫는다.

로스트 덕은 그런 음식이다. 파티의 마지막을 멋지게 장식하는! 물론 그것 한 접시만으로도 기쁨과 감사를 나누기에 부족함은 없다. 한 사람 한 사람의 표정을 떠올리고 배를 갈랐을 때 쏟아지는 맛을 상상하며 재료를 구상하고 정성껏 속을 채워 넣는 즐거움은 요리하는 사람의 가장 큰 행복 중 하나다.

오리는 다른 가금류보다 지방이 많고, 그중에서도 불포화지방산의 비중이 높다. 그래서 콜레스테롤을 낮춰주고 몸의 독성분을 배출하는 작용을 한다. 그렇다고 흔히 오해하듯 오리 기름이 수용성이라거나 '마셔도 된다'고까지 말하는 건 넌센스다. 기름 중에 수용성인 건 없고, 오리 기름도 많이 먹으면 살이 찐다. 불포화

지방산만 들어 있는 게 아니니까. 고기에도 레시틴이나 아미노산이 골고루 들어 있어 오리가 몸에 좋은 건 사실이지만, 보양식이라고 해서 무조건 많이 먹으면 오히려 해롭긴 마찬가지다. 건강의 비결은 과식이 아니라 소식이라는 걸 잊지 말자.

한방에서는 오리를 몸의 열을 가라앉히는 찬 기운의 음식으로 분류한다. 그래서 위나 장에 염증이 있을 때 그 열을 내려주는 음식으로도 좋다고 한다. 우리 음식 중 부추는 그 반대 성질이 있어서 오리와 함께 많이 먹는다. 서양요리의 치커리 대신에

영양부추를 듬뿍 놓고 오렌지즙과 소금 후추랑 엑스트라버진 올리브오일을 살짝 뿌려서 오리의 살코기와 같이 먹으면 멋진 샐러드가 된다.

닭이 흰 살이라면 오리는 붉은 살 가금류이고 육질과 지방 그리고 향이 훨씬 풍부하다. 그래서 특유의 향 때문에 호불호가 갈리기도 한다. 우리가 돼지고기나 소고기를 맛있게 먹는 것은 고기의 맛뿐 아니라 향도 좋아하기 때문이다. 윗집에서 삼겹살이라도 굽는 늦은 저녁이면 당장에라도 동네 친구를 불러 삼겹살을 함께 굽고 싶게 만드는 건 돼지고기 향이다. 안 먹어본 재료를 처음 만났을 때 잘못 요리했거나 신선하지 않아 좋지 않은 냄새가 났다면, '그건 맛이 없어!'라는 편견을 가지기 쉽다. 하지만 그건 오해인 경우도 많다. 다시 한번만 기회를 주자. 오리를 맛있게 요리해서 먹어보는 거다.

앨리의 주방에 오리 한 마리가 있다면? 굉장한 부자가 된 것 같아서 기분만으로도 벌써 배가 부르다. 그 한 마리로 얼마나 많은 요리를 할 수 있는지 알게 된다면 당신도 신이 날 거다.

먼저 오리 기름을 만들어볼까. 오리 껍질을 다 모아서 팬에 올리고 80℃ 정도 되는 불로 뭉근하게 끓인다. 껍질에서 계속 기름이 나오다가 어느 순간 노릇하게 되어서 더이상 나오지 않을 때, 잘 걸러서 식히면 오리 기름이 된다.

다리 두 개로는 콩피를 만들어야겠다. 콩피Confit는 프랑스어로 '보존'이란 뜻으로, 육류를 겨우내 먹기 위해 80℃ 정도의 불에서 오리 기름으로 뭉근하게 오래 끓이는 요리다. 그러면 고기가 부드러워지고, 살균한 단지에 넣으면 냉장고에서 6개월도 거뜬하다. 프랑스에서는 우리의 양념불고기처럼 정육점에서 팔기도 하고 슈퍼에서 캔으로 팔기도 한다. 먹을 때는 팬에 살짝 구워서 치커리처럼 쓴맛 나는 야채를 곁들이기만 해도 훌륭한 한 접시 요리가 된다. 오리 다리 스테이크인 셈이다. 남은 고기는 만두를 빚어도 되고, 수프에 살짝 띄워 먹어도 좋다. 가금류 브로스Broth

에 콩이랑 소시지와 함께 넣고 위에 빵가루를 얹어 노릇하게 익혀서 그라탱처럼 먹을 수도 있다. 그러면 랑그독 지방의 대표 요리인 카술레Cassoulet가 된다.

다리는 콩피를 했다면 가슴살 두 쪽을 오려내서 오리 가슴살 스테이크에 도전해볼까? 기름은 두르지 않아도 된다. 껍질에 닭보다 훨씬 두껍고 노란 지방층이 있다. 가슴살을 팬에 올리고 소금 후추를 좀 강하게 한 다음 생선요리처럼 중간불에서 익힌다. 흘러나오는 기름으로는 연어나 립아이 스테이크 때처럼 껍질쪽으로 계속 끼얹어주는 베이스팅을 한다. 껍질은 바삭하게, 고기는 미디움 레어로 익히는 게 맛있다. 다 구워지면 기름은 한두 스푼만 남겨놓고 오렌지주스 한 컵을 넣어 반으로 졸인다. 졸이는 동안 유자청 두 스푼, 홀그레인 머스터드 조금, 소금과 후추를 넣어 소스를 만든다. 소스를 만드는 동안 가슴살이 담긴 접시를 불 옆에 놓고 10분 정도 레스팅 타임을 주면 퍼펙트! 완성된 소스에 파슬리 찹이나 신선한 타임을 살짝 뿌려주면 상큼하고 맛있는 오리 가슴살 스테이크가 완성된다.

그럼 도마에 남은 것은? 뼈만 놓여 있을 거다. 그걸로는 진하게 스톡을 끓이자. 이제 오리 한 마리는 어디론가 사라졌다. 오리 요리를 먹을 때는 달달한 것들이 잘 어울린다. 무화과, 오렌지나 플럼을 같이 먹어도 좋다. 포르투갈의 달콤한 디저트와인인 포트와인이나 리슬링, 게부르츠트라미너 같은 달콤하고 산뜻한 화이트와인과 찰떡궁합이다.

오리 한 마리로 함께한 맛있는 상상은 여기까지로 하고, 이제 우리의 메인 디시인 로스트 덕을 만들어보기로 하자. 그리운 사람들과의 즐거운 시간을 떠올리면서!

IN THE KITCHEN

삼계탕의 찹쌀, 인삼, 대추, 밤처럼 오리에 어울리는 것들로 속을 채워 구울 거다. 찹쌀 대신 빵가루를 넣어보면 어떨까? 마늘과 향신료를 함께 넣으면 향긋한 허브 크러스트를 먹을 수 있다.

필요한 것들

통오리 1마리, 정육점이나 인터넷에서 구입할 수 있다. 훈제 오리가 아니라 생오리를 사야 한다. 오리 속에 넣을 허브 크러스트 재료는 빵가루 2컵 반, 버터 40g, 계란 노른자 2개, 마늘 5개, 소금 1tsp, 후추, 파슬리 찹 2Tbsp, 레몬 타임 4줄기 정도와 커리에 쓰이는 향신료인 튜메릭 파우더(강황가루) 1tsp, 큐민 파우더 1핀치를 준비한다. 없다면 카레분말을 넣거나 생략해도 괜찮다.

가니처로는 양송이버섯, 브로콜리, 알감자. 오렌지 허니소스에는 오렌지주스 2컵, 유자청 1tsp, 홀그레인 머스터드 1tsp이 필요하다.

로스트 덕을 굽기 위해서는 갖춰야 할 조리도구가 몇 개 있다. 오리에서 흐르는 기름이 넘치지 않게 해줄 4cm 이상의 베이킹 트레이, 식힘망이라고 부르는 베이킹 랙이 필요하다. 식힘망은 오리가 바닥에 붙어 크리스피한 껍질이 벗겨지는 참사를 막아준다. 오리에 소스를 바를 때 필요한 조리용 브러시까지 준비되었다면 완벽하다.

1 오리를 손질한다

닭과 마찬가지로 꼬리를 자른다. 오리는 특히 냄새가 심하다. 최대한 바짝 잘라내

버리자. 목뼈는 껍질 안으로 칼을 넣어서 역시 바짝 자른다. 닭에 비해 목뼈가 무척 길어서 놀랄 수도 있다. 이때 목 껍질은 최대한 살려야 한다. 목뼈와 껍질을 똑같이 잘라버리면 나중에 익었을 때 브이넥 티셔츠를 입은 것처럼 된다. 껍질의 지방이 익어가며 당겨지기 때문. 5cm 정도 남겨서 목 부분을 덮어주자. 날개 끝 첫 마디까지 자르면 오리 손질은 끝이다. 겁내지 않아도 된다. 뼈를 자르는 게 아니라 관절 사이로 칼을 넣으면 생각보다 쉽게 잘린다.

이제 오리 안쪽에 남아 있는 내장이나 불순물을 조리용 솔이나 칫솔로 잘 제거하고 물로 깨끗이 씻어준다. 대충하면 내장과 같이 익혀진 빵가루를 먹게 될 거다. 키친타월로 겉과 안의 물기를 톡톡 제거한 후, 안쪽에 소금과 후추를 뿌린다. 자, 이제 어려운 건 다 끝났다. 나머지는 오븐이 해줄 거니까.

2 허브 크러스트를 만든다

허브 크러스트는 빵가루에 오리와 잘 어울리는 각종 향신료를 섞어 만든다. 다 구워지면 오리의 기름과 육즙이 스며들어 맛있어질 뿐만 아니라, 향신료 향이 오리에 은은하게 배는 효과도 있다.

마늘은 갈고, 파슬리는 찹, 계란은 노른자만 2개 준비한다. 믹싱볼에 빵가루와 버터부터 넣고 손가락으로 비벼서 부슬부슬 고루 섞이도록 한다. 여기서 중요한 건 반죽하는 게 아니라 비벼준다는 거다! 부슬부슬한 버터 빵가루에 준비해둔 마늘 간 것, 파슬리 찹, 계란 노른자, 그리고 레몬 타임, 튜머릭과 큐민 파우더를 넣고 소금 후추를 해주면서 잘 섞는다. 살짝 먹어본 후 마지막 간을 한다.

더 고소하고 황금빛이 나는 허브 크러스트를 먹고 싶다면 빵가루를 팬에서 노릇하게 볶는다. 혹은 먹다 남은 바게트 빵을 블렌더에 갈아서 수분을 날리며 팬에서 볶으면 진짜 빵가루가 탄생한다. 빵을 통째로 넣으면 블렌더가 멈춰버릴 수도 있으니 잘라서 갈자. 이렇게 직접 만들 수 있는 재료들을 하나씩 만들어두면 다음에 할 요리를 디테일하게 업그레이드할 수 있다. 시간 날 때 만들어서 냉동실에 넣어두면 언제든 쓸 수 있겠지?

3 오리 속을 허브 크러스트로 채운다

잘 손질해둔 오리의 속에 허브 크러스트를 스푼으로 조금씩 넣어준다. 욕심내서 너무 많이 채우지 말자. 오리는 익으며 수축되기 때문에 속이 꽉 차 있으면 나중에 토해낼 수 있다. 어느 정도 공기가 들어갈 수 있게 살짝만 눌러서 채운다.

오리나 닭을 로스팅할 땐 속을 채우는 게 좋다. 일단 맛있는 먹을 것들이 많아지고 속 덕분에 열이 골고루 전달되어 살과 껍질이 천천히 익는다. 속을 비우고 2시간 이상 오븐에서 구우면 더 빨리 익기는 하겠지만, 골고루 익지는 않는다. 속재료가 시간을 벌어주고 균일하게 온도를 유지해서 한쪽만 먼저 익지 않도록 해준다.

허브 크러스트 말고도 속을 채우는 방법은 또 있다. 마늘, 오렌지, 감자, 타임 등 오리와 어울리는 재료들을 채우는 거다. 이렇게 하면 훨씬 향이 강한 로스트 덕을 만들 수 있다. 자신이 원하는 방법을 선택하자. 그럼, 이쯤에서 오븐을 예열해볼까? 220℃로 예열 시작!

4 대나무 꼬치로 오리를 고정한다

속을 채웠으니 '쩍벌 오리'를 잘 오므려줄 차례다. 조리용 실로 꽁꽁 묶을 수도 있지만 좀더 손쉬운 방법으로 해보자. 꼬치용 대나무꼬치로 다리와 날개를 고정하는 거다. 꼬치는 미리 물에 불려두면 오븐에서 급하게 타버리는 걸 방지할 수 있다.

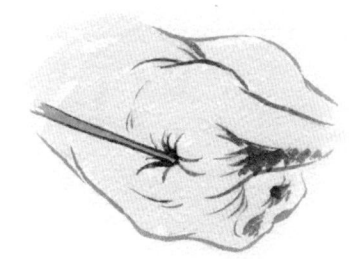

꼬치를 찔러보자. 오리의 허벅지살 아래쪽에 꼬치를 대고 약간 밑으로 향하면서 찔러넣는다. 속을 채워줬던 구멍도 껍질을 모아 찌르고 반대쪽 허벅지살 아래쪽으로 관통하도록 쑤욱 밀어넣는다. 반대쪽도 마찬가지로 하면 꼬치가 엑스자로 교차되어 오리가 다리를 예쁘게 모은다. 이번엔 쿠킹호일을 길게 접어서 수갑을 만든다.

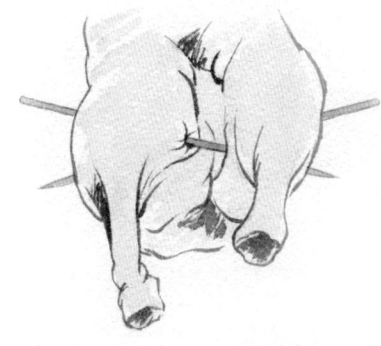

호일 수갑. 오리의 두 발목을 수갑채우듯 모아서 묶는다. 묶기 전에 발목에 오일을 발라주면 굽고 나서 벗기기 쉽다. 잘 고정하지 않으면 다 구워졌을 때 쩍벌이 되어서 굉장히 민망해진다. 예쁘게 모아주자. 양쪽 날개에도 꼬치를 꽂아 얌전히 몸통 쪽으로 찔러 고정한다. 마지막으로 목에 남겨둔 껍질을 잘 오므려 감싸듯 아래쪽으로 넣어준다.

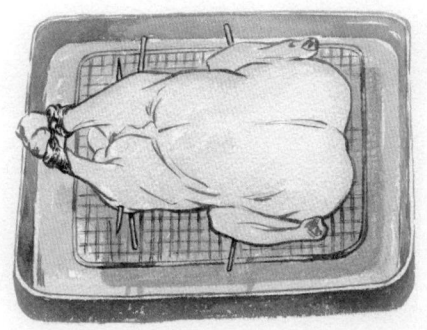

5 오븐에서 굽는다

베이킹 트레이 안에 식힘망을 깔고 붓으로 오일을 발라준다. 다리를 단정하게 오므린 오리를 올리고 껍질에 소금 후추를 해준다. 식힘망에 올리지 않으면 오리가 자기 기름에 침수될 수 있다. 쿠킹호일로 감싸줄 건데, 호일이 닿는 가운데 부분이 달라붙지 않도록 오일을 발라준다. 맛있는 껍질을 최대한 살리기 위한 작업이다. 뚜껑 덮듯 트레이에 호일을 덮고 열이 새어나가지 않도록 꼼꼼하게 모서리 쪽을 잡아준다.

오븐의 특징에 따라 다르고 크기에 따라 다르지만, 220℃로 예열된 오븐에서 2시간 30분을 구울 거다. 단, 타이머는 2시간으로 맞춘다. 1시간 정도 됐을 때 호일을 살짝 들어서 타고 있는 건 아닌지 확인한다. 완성 30분 전부터는 오리를 점검하면서 가니처도 함께 굽자.

6 가니처를 굽고 소스로 글레이징한 후 완성한다

알감자는 껍질째 깨끗이 씻어 물기를 제거하고 반으로 자른다. 너무 작으면 그대로 넣어도 되지만, 오리의 맛있는 기름에 노릇하게 구워지는 쪽은 단면이 더 맛있다는 사실! 브로콜리도 씻어서 송이송이 잘라준다. 양송이버섯은 키친타월로 흙이나 이물질을 닦아준다. 가니처는 고구마, 토마토, 오렌지 등 오리와 어울리는 재료라면 뭐든 가능하다.

완성 30분 전 타이머가 울리면 오리를 꺼내 호일 한쪽을 열고 오리 기름이 있는 바닥에 손질한 재료들을 넣는다. 감쪽같이 잘 닫아서 오븐에 넣자. 타이머를 다시 30분으로 맞춰놓는다.

그 사이 글레이징Glazing할 소스를 만들자. 글레이징은 윤기를 내준다는 뜻. 유자청과 꿀을 같은 비율로 섞으면 끝이다.

알감자를 찔러봐서 익었으면 다른 야채도 다 익은 것이다. 가니처는 따로 빼놓고, 오리는 글레이징 소스를 바른 후 호일을 덮지 않고 다시 오븐에 넣는다. 브러시가 없으면 껍질이 벗겨지지 않게 조심조심 스푼으로 문질러서 발라준다.
껍질이 바삭하고 색이 나도록 5~10분 다시 굽자. 미리 오리를 구워두는 거라면 소스를 바르기 전까지 익혀놓고, 서브하기 직전에 소스를 바르고 식은 만큼 더 구워주면 된다.

7 곁들일 오렌지 허니소스를 만든다
작은 냄비에 오렌지주스를 붓고 졸이듯이 끓이다가 1/3이 줄어들면, 유자청과 홀그레인 머스터드, 소금으로 간하고 살짝 농도를 맞춰 끓인다. 숟가락으로 흘려볼 때 주르륵 흐르지 않고 방울방울 떨어지면 좋은 농도. 마지막에 핑크페퍼 홀을 손으로 부셔주면서 뿌린다.

PLATE FOR YOU

로스트 덕은 처음 먹는 사람일지라도 알아서 다들 잘 먹는다. 달려들어서! 파티를 할 땐 호스트가 잘라주는 게 좋다. 2시간 넘게 익혔기 때문에 살이 스르르 무너진다. 그걸 나이프로 슥슥 밀면 사람들이 환호한다. 그리곤 호스트가 손님들 접시에 닭과 스터핑을 같이 조금씩 나눠먹으면 맛있게 먹는 법 끝!

오리는 양식요리에서 달콤한 재료들과 잘 어울린다고 생각하자. 꿀, 사과, 자두, 오렌지 그리고 대파. 대파는 익히면 단맛이 나니까. 과일은 같이 요리하기도 하지만 주로 소스에 써서 함께 먹는다.

또 육질이 강해서 향이 풍부한 향신료들과도 잘 어울린다. 강한 것은 강한 것들끼리 서로 상승효과를 낸다. 커리에 쓰이는 향신료나 중국요리의 향신료들(중국엔 베이징 덕이 있다!)인 별모양의 계피 같은 스타니스, 고수 등과 너트메그, 큐민, 튜메릭(강황) 그리고 정향까지. 허브 중에는 파슬리, 프레시타 임과 잘 어울린다.

오븐에서 꺼낸 오리를 데워진 접시 가운데로 데려오자.
집게로 쑥 들지 말고, 배 쪽을 스파출라로 받치고
몸통을 집게로 살짝 잡아서 조심조심 옮긴다.

마지막에 남은
글레이징 소스로
한번 더 발라주면
먹음직스럽게 반짝일 거다.

오렌지 허니소스는 따로 담아서
각자 접시에 덜어 먹는다.

잘 구워진 가니처들은 마지막에 소금 후추를 해
주고 오리를 둘러싼 것처럼 놓아준다.

CLASS 15

마드모아젤 타탱의 달콤한 실수

업사이드다운 애플파이 Upside-down Apple Pie

그런 날이 있다. 커피를 엎지르고, 신호는 바로 앞에서 바뀌고, 버스는 놓치고, 늘 하던 일이 손에 잡히지 않는 날. 아마도 1889년 호텔리어 스테파니 타탱Stephanie Tatin에게도 그런 날이었나보다. 애플파이를 굽는데 파이 도우는 빼먹고 사과만 구웠단다. 풋. 그녀는 어떻게든 해보려는 심정으로 구워진 사과 위에 페이스트리 도우를 얹고 다시 구운 뒤 접시에 뒤집어 애플파이를 완성했다. 실수에서 태어난 애플파이Tarte Tatin 이야기다. 거꾸로 뒤집는다 해서 업사이드다운 애플파이라고도 불린다. 누군가의 실수가 이렇게 달콤하다면야 얼마든지 사과를 받아줄 수 있을 테다.

HEART OF FOOD

세상에는 수많은 애플파이가 있다. 사과를 슬라이스해서 만든 것, 사과 형체가 보이지 않게 잼으로 만든 것, 도우를 격자무늬로 얹어 장식한 것뿐만 아니라 다양한 모양으로도 만든다. 그럼 우리가 만들 애플파이는? 업사이드다운 애플파이다. 말 그대로 업사이드다운, 뒤집는 거다. 보통 애플파이는 페이스트리 도우 위에 사과를 얹어 오븐에 구운 다음 그대로 완성하지만 업사이드다운 애플파이는 구운 뒤 뒤집는다. 파이를 뒤집는다고? 궁금증은 이 애플파이를 최초로 만든 마드모아젤 타탱이 해결해줄 거다. 잠깐 그녀의 이야기를 들어볼까.

1889년 어느 날, 스테파니와 캐롤라인 자매가 운영하던 타탱 호텔의 점심 시간은 여느 때처럼 무척 바빴다. 손님은 몰려들고 주문은 쌓여가고… 바로 그때, 주방에서 음식을 담당하던 스테파니의 외마디가 들렸다. "아뿔싸! Ooh la la!" 디저트 메뉴인 애플파이를 페이스트리도 깔지 않고 사과만 넣어서 구워버린 거다. 파이를 다시 만들 시간은 없고, 페이스트리 없는 파이를 내보낼 수도 없고. 순간 그녀는 구운 사과 위에 도우를 얹어 다시 굽기로 한다. 그리곤 다 구워진 파이를 뒤집어 페이스트리가 바닥으로 놓이게 한 뒤 손님에게 내놓았다. 결과는? 놀랍게도 사람들은 새로운 디저트에 환호했다. 그렇게 실수로 태어난 녀석이 업사이드다운 애플파이다.

이 애플파이는 사과의 신맛과 단맛이 어우러진 신선한 맛이 난다. 만드는 과정은 간단하다. 크게 자른 사과를 팬에서 노릇하게 캐러멜라이징한 후 거기에 페이스트리를 얹고 오븐에서 굽는다. 그리고 뒤집는다. 차갑게 먹어도 맛있지만, 따뜻할 때 먹는 게 더 맛있다. 슈거파우더를 뿌리거나 아이스크림를 얹어 단맛을 더하기도 하지만 그보다는 사워크림이나 생크림을 살짝 올리는 걸 추천한다. 섬세한 사과의 단맛을 인공적이고 강한 단맛으로 묻어버리지 않기 위해서다.

맛있는 업사이드다운 애플파이를 만들기 위해서는 신맛이 강하고, 단단한 사과를 골라야 한다. 우리나라에서 재배되는 품종 중 가장 적합한 것은 찬바람이 불기 시작하는 초가을에 나오는 시고 아삭한 아오리다. 아오리가 나오는 철이 아니라면 홍옥이나 육오처럼 단단하고 과즙이 많은 녀석을 고른다. 10월부터 늦가을 사이에 나오는 것 중 '꿀사과'라고 불리는 것들이다. 오래 저장했거나 푸석한 사과는 노릇노릇 예쁘게 요리할 수 없다. 신맛은 레몬주스로 보충할 수 있지만, 식감은 어쩔 도리가 없기 때문이다.

알맞은 사과를 샀다면 보관도 잘해야 한다. 냉장고 야채칸에 넣어두되 몇 가지 주

의할 게 있다. 혹시 상하거나 썩어가는 녀석을 발견하면 빨리 다른 사과와 분리해 줘야 한다. 감자 박스에 사과 한 알을 같이 넣어두면 싹이 덜 나는 게 에틸렌 가스 덕분이었다. 그런데 상태가 좋지 않은 녀석들이 썩어갈 땐 그 에틸렌 가스가 다른 사과도 빨리 썩게 한다. 물귀신처럼 말이다. 또 냄새를 잘 흡수하는 녀석이니까 양파나 마늘처럼 향이 강한 녀석들과 함께 보관하지 말자. 사과에서 아련한 양파 향을 느끼게 될 수도 있다.

자, 주방으로 들어가기 전에 파이를 만들 때 필요한 도구부터 챙겨보자. 첫번째는 좋은 팬이다. 두껍고 잘 달라붙지 않는 팬. 파이를 완성하고 뒤집을 때 예쁘게 뒤집혀야 하니까. 사과를 구워 오븐에 넣어야 하니 오븐에 들어갈 수 있는 녀석이면 더 좋다. 만일 그런 팬이 없다면 파이팬을 써도 된다. 대신 사과를 따로 구워 파이팬에 옮겨야 한다.

두번째는 오븐. 안타깝게도 오븐이 없다면 업사이드다운 애플파이를 만들 수는 없지만, 그 대신 사과를 맛있게 굽는 법을 알려줄 테니 내추럴한 디저트로 먹어도 좋다. 너무 아쉬워하지 말기를. 어쨌든 사과는 그냥 먹어도 몸에 좋은 과일이다. 비타민이 풍부해서 피로회복에 좋고, 노화도 방지하고, 항암효과도 있다. 나트륨도 배출해주고 천식에도 좋고, 심지어 탈모까지 막아주는 기특한 녀석이다. 그러니까 보약 먹듯 매일 아침 한 알씩 먹어주자.

IN THE KITCHEN

페이스트리를 만들고 사과를 구울 거다. 페이스트리를 살지, 만들지는 선택하자. 만드는 것도 생각보다 어렵지 않다. 만들든 사든 냉동실에 보관했다가 사과만 구워서 얹으면 언제든 간단하게 애플파이를 만들 수 있다.

페이스트리 도우 만들기

필요한 것들

밀가루 중력분 250g, 차가운 버터 125g 밀가루와 버터의 비율은 2:1이다. 계란 노른자 1개, 설탕 1Tbsp, 소금 1tsp이 필요하다.

1   밀가루와 버터를 섞는다

페이스트리도 종류가 많은데, 오늘 만들 건 바삭한 쇼트 크러스트 페이스트리Short Crust Pastry다. 반죽을 할 때 가장 중요한 건 온도다. 무엇이든 온도가 차가워야 한다. 차가운 버터, 차가운 물, 차가운 믹싱볼. 반죽을 하다 보면 손의 온도 때문에 따뜻해질 수밖에 없는데, 녹았다 싶으면 냉동실에 넣어 차갑게 식혀야 한다. 그래야 바삭바삭한 페이스트리를 만들 수 있다. 먼저 차가운 믹싱볼에 밀가루와 소금, 설탕을 넣고 섞는다. 쇼트 크러스트 페이스트리 반죽은 밀가루와 버터의

비율이 2:1인 게 기본이다. 냉장 상태의 버터를 10g 투하. 밀가루와 버터가 엉겨 고슬고슬하게 되도록 손가락으로 비벼준다. 이때 주의할 것! 버터가 녹으며 덩어리가 되는 게 아니라 고슬고슬 보슬보슬한 상태로 만드는 거다.

2 계란과 물을 넣고 반죽한다

고슬고슬 노랗게 잘 섞인 상태에 계란 노른자와 차가운 물을 넣고 반죽한다. 빵 반죽하듯 치대는 것이 아니라 덩어리로 뭉쳐질 정도로만 반죽하는 게 포인트다. 버터가 녹으면 미끄덩거리니까 빨리빨리 움직이자. 뭉친 반죽을 납작하게 펴서 위생팩에 넣은 다음 재빨리 냉장고에 넣는다. 그리고 1시간 정도 냉장고에서 쉬게 하자.

3 반죽을 민다

1시간 후, 반죽을 밀 도마나 식탁에 랩을 깔고 냉장고에서 반죽을 꺼내어 올린다. 다시 그 위에 랩을 덮어주기. 뗄 때 바닥에 붙어서 찢어지지 말라고 깔고 덮는 거다. 종이호일이나 비닐 등 뭐든 잘 떼어지는 거면 된다.
이제 밀대로 민다. 두께는 0.5cm 이하, 크기는 32cm 정도가 목표다. 우리는 25cm 팬에 애플파이를 만들자. 도우 크기는 자기 팬보다 넉넉하게 하는 걸로. 파이를 덮었을 때 모자라면 재앙이다. 오히려 남아서 잘라내는 게 낫다. 밀 때도 가장 중요한 건 온도를 차갑게 유지하는 거다. 여름철이거나 밀다가 시간이 오래 걸려 따뜻해지면 잠깐 냉동실에 넣어 차갑게 한 후 다시 밀자.
목표한 두께와 크기가 되면 덮어둔 랩을 살짝 벗기고 포크로 반죽을 콕콕콕 찍어준 후 랩을 다시 덮는다. 지금 눈앞의 페이스트리는 랩과 랩 사이에 끼워져 있다. 그걸 살살 말아서 냉장고에 넣을 거다. 사과를 굽고 꺼내어 펴면 되니까 겁내지 말고 말아주자. 미리 준비하는 거라면 냉동실에 보관한다. 두 달까지 거뜬하다. 쓸 때 냉장실에서 해동한다.

업사이드다운 애플파이 만들기

필요한 것들

사과 6개. 차례상에 올라가는 큰 사과가 아니라 중간 크기의 단단한 사과다. 레몬 2개, 버터 50g, 설탕 150g을 준비한다. 25cm 정도의 주물팬은 꼭 필요한 도구다. 없다면 깊이가 있는 파이팬을 준비한다.

1 사과를 깎은 후 레몬즙과 버무린다

레몬 2개를 스퀴즈해서 믹싱볼에 붓고 사과를 깎자. 깎을 땐 필러를 써도 된다. 사과를 4등분하고 씨가 있는 부분을 파내지 말고 과감하게 툭툭 잘라내자. 자른 사과는 볼에 넣어 레몬즙으로 버무린다. 레몬즙은 사과의 갈변현상을 막아주고 부족한 신맛을 더해주는 역할도 한다.

2 팬의 가장자리에 사과를 두르고 굽는다

팬을 달군 후 중간 불로 줄이고 먼저 버터를 넣는다. 버터가 살짝 녹기 시작하면 설탕을 넣고 캐러멜처럼 될 때까지 기다린다. 설탕은 색이 있는 설탕을 써도 된다. 기다리는 동안 가끔 팬을 움직이며 저어주자. 설탕을 먼저 녹이고 버터를 넣는 경우도 있는데, 초보자들은 타이밍을 놓쳐 팬이 탈 수도 있으니 버터를 넣고 설탕을 넣기로 한다.

버터와 설탕이 갈색빛을 내며 녹으면 팬 가장자리부터 사과를 둘러서 놓는다. 깎아둔 사과를 모두 올리는 게 아니라 가장자리만 두르는 거다.

여기서 포인트는 불의 세기다. 온도가 너무 낮으면 색이 안 나고 뭉그러진다. 너무 높으면 색이 빨리 나면서 한쪽이 타기 시작한다. 중간 불에서 살짝 높은 불로 시작하되 사과의 변화를 관찰하며 불 조절을 해주자.

3 팬에 사과를 꽉 채우고 골든 브라운으로 만든다

집게로 사과의 면을 요리조리 돌려가며 노릇하게 잘 코팅되도록 굽는다. 색이 날 때쯤이면 사과에서 수분이 빠져 크기가 줄어들고 팬에 빈틈이 생길 텐데, 남은 사과들로 빈틈없이 팬을 채워주자. 비워두었던 가운데도 꽉 차게 사과를 놓는다. 도우를 얹어 구운 다음 뒤집어야 하는데, 빈 곳이 있으면 푹 꺼지겠지? 사과를 타이트하게 꽉 채우는 게 중요하다. 틈이 생기면 사과를 하나씩 채워주자. 그래서 넉넉하게 자른 거다. 남는 건 그냥 먹으면 되니까.

팬에 가득한 사과를 노릇노릇 굽는다. 전체적으로 어느 정도 색이 나면 사과 겉면이 밑으로, 그러니까 씨가 잘린 부분이 위로 가도록 가지런히 정리하고 중불에서 20분정도 익힌다. 중간중간 팬을 흔들어 고루 익혀주자.

그럼 사과를 어느 정도까지 굽느냐. 얘가 흐물흐물해질 때까지 익히는 게 아니다. 짙은 골든 브라운 색이 예쁘게 날 때까지 굽는 거다. 오븐에서도 구울 거니까 다 익히지 않아도 된다.

이렇게 구운 사과는 그냥 먹어도 맛있다. 디저트나 가니쳐로 먹으면 훌륭하겠지?

4 페이스트리 도우를 얹어 오븐에서 굽는다

사과에서 충분히 색이 나면 불을 끄고 뜨거운 상태일 때 준비해둔 페이스트리를 얹는다. 뜨거울 때 도우를 얹으면 더 바삭한 파이를 먹을 수 있다. 사과를 감싸듯 페이스트리를 팬 안쪽으로 넣어준다. 이렇게 해야 사과즙이 밖으로 흐르지 않고, 나중에 뒤집었을 때도 페이스트리가 사과를 감싸게 된다. 너무 삐져나온 도우는 가위로 잘라 정리한다.

190℃ 오븐에서 25~30분 정도 굽자. 페이스트리가 타면 안 된다. 갈색이 나면서 잘 익었다 싶으면 꺼내어 식히자. 식히지 않고 뒤집으면 모든 게 허사가 된다. 사과가 죽이 되거나 뒤집어도 팬에 붙어 떨어지지 않는다. 차가운 곳에서 10분 정도 식히자.

5 파이를 뒤집는다

파이가 한 김 식으면 뒤집을 때가 된 거다. 여전히 따뜻한 상태다. 팬 가장자리에 작은 칼을 넣어 빙 돌려 팬에 붙은 도우를 뗀다. 뒤집다가 부서지더라도 애플파이의 맛은 그대로겠지만, 자랑할 수 있는 모양은 아니니까 마지막까지 심혈을 기울이자. 팬보다 크고 납작한 접시를 팬에 덮는다. 왼손으로 접시의 가운데 바닥을 짚고, 오른손은 팬 손잡이를 잡은 상태에서 크게 심호흡하자. 망쳐도 괜찮다. 파이가 망가졌다고 해서 지구에 종말이 오지 않는다. 마음의 준비가 되었다면 팬을 뒤집자. 그리고 팬을 살짝 들어올린다. 앗, 사과가 팬에 붙어 있다. 당황하지 말고 잘 떼어서 파이에 다시 붙여주면 된다.

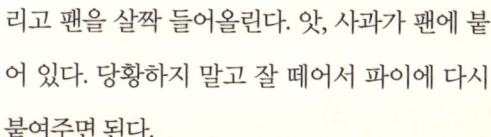

PLATE FOR YOU

사과, 하면 떠오르는 음식은? 사과잼, 사과주스, 후식으로 잘라먹는 거 외에 그다지 떠오르는 게 없다. 우리는 과일을 익혀 먹는 것에 익숙지 않다. 과일은 그냥 먹거나 갈아서 주스로 마시는 문화다. 음식에 들어가는 경우도 고기를 재울 때 사과나 배를 갈아 넣는 정도밖에 없다. 사실 그냥 먹기에도 과일은 비싸다.

사과는 익히면 단맛이 더 살아난다. 버터도 그걸 돕는다. 그럼, 사과를 구워서 맛있게 먹을 수 있는 방법을 몇 가지 더 얘기해볼까?

버터와 설탕이 녹은 팬 위에서 사과를 구웠던 때로 돌아가보자. 사과에서 골든 브라운 색이 나기 시작했다. 말랑하고 달콤한 색으로 익으면 그대로 돼지고기 스테이크의 가니처로 얹을 수 있다. 익힌 고기와 생과일은 좀처럼 어울리지 않지만, 불로 익힌다는 공통분모를 씌우면 접시 위에서 하모니를 이룬다.

사과주스가 있다면 사과와 같이 졸인다. 사과소스가 촉촉하게 덮인 구운 사과를 먹을 수 있다. 사과를 슬라이스해서 구워볼까? 너무 얇으면 부스러지니까 적당히 두껍게 슬라이스해서 버터와 설탕을 넣고 굽자. 그걸 켜켜이 쌓아줘도 예쁘겠지? 생크림을 휘핑해서 살짝 올리면 디저트가 된다. 좀 더 모양을 내고 싶다면 마치 파인애플처럼 사과를 동그란 링 모양으로 잘라서 굽자. 노릇한 링 사과 위에 치즈만 솔솔 뿌려 먹어도 맛있다.

이렇게 파이 모양이 아니어도 사과는 얼마든지 맛있게 먹을 수 있다. 뭔가 달콤한 변화가 필요한 날 시도해보면 좋겠지?

먹을 때는 6조각 정도로 잘라서 따로 접시에 담아 먹는다.
너무 뜨거울 때 자르면 모양이 흐트러지니 어느 정도 식혀서 자른다.

사워크림이나 생크림에 레몬즙을 넣고 휘핑한 후 곁들이기도 한다.
계피가루를 좋아하면 살짝 뿌린다. 계피는 사과와 잘 어울리는 향신료다.

SPECIAL CLASS
맛있는 향기

미르포아, 부케가르니, 향신료
Mirepoix, Bouquet Garni, Herb & Spice

가만히 둘러보면, 그런 사람들이 있다.
큰소리를 내지 않고, 나 좀 봐달라는 제스처도 없이
조용히 이야기를 들어주거나
어깨를 한 번 토닥여주는 것만으로도 위로가 되는 사람.
나쁜 생각을 털어내고 즐거운 생각을 주는 사람.
오랜 시간 곁에 두고 싶은, 영혼이 향기로운 사람.

요리에도 그런 재료들이 있다.
자신을 드러내기보다 한데 어울려 깊은 맛을 만들고
나쁜 것을 지우고 좋은 향과 맛을 끌어내어
훌륭한 한 접시를 만들어주는,
모든 요리의 기본이자 숨은 주인공들.
바로 미르포아, 부케가르니 그리고 향신료다.

미르포아 Mirepoix

스톡, 소스, 스튜에 들어가는 야채 삼총사다. 양파, 당근, 셀러리를 2:1:1로 넣는 게 전통적인 비율이지만, 셀러리 향이 익숙하지 않은 사람들을 고려해 셀러리는 0.5로 조절하기도 한다.

사실 미르포아의 크기나 양이 정해진 것은 아니다. 셰프마다 다르기도 하고, 무엇보다 요리하는 시간에 따라서 크기가 달라진다. 오래 끓이거나 익히는 요리에는 큼직한 크기로 대충 자르거나 통째로 넣는다. 당근은 단단해서 익는 데에 시간이 더 걸리니까 조금 더 작게 잘라주자.

이 재료의 조합을 기본으로 하고 완성할 요리를 침해하지 않는 선에서 원하는 재료들을 첨가한다. 예를 들어 말린 표고버섯은 향이 강하지만, 감칠맛이 훌륭해서 버섯 향이 솔솔 나도 어색하지 않은 요리에 넣을 수 있고, 무게감 있는 고기요리에 시원함과 은근한 단맛을 추가하고 싶으면 무를 두껍게 썰어서 넣어줘도 좋다.

미르포아는 가장 기본이 되는 디테일이다. 이렇게 눈에 보이지 않는 많은 것들이 훌륭한 요리를 만든다.

부케가르니 Bouquet Garni

향신료 다발이다. 괜히 낭만에 빠진다. 맛있는 향이 가득한 향신료 다발을 신부의 부케 마냥 예쁘게 만들어서, 만들어서, 포토푀에 넣자!

부케가르니는 스톡이나 국물요리처럼 향신료가 우러나올 수 있는 요리에 들어간다. 그래서 정해진 것이 없다. 가장 기본적으로 쓰이는 것은 타임, 월계수잎, 파슬리, 후추, 정향이다.

지중해 쪽 사람들은 허브가 곳곳에 널렸으니, 귀한 줄 모르고 한 움큼씩 뜯어 넣을 테니, 우리도 한 번쯤은 근사하게 한 다발을 만들어 넣어주자. 그러나 중요한 건 스톡이나 국물요리에서 풍미를 돕는 것이지, 요리의 주인공이 되어서는 안 된다는 것이다. 아쉽지만, 부케가르니는 조연이다.

스톡을 낼 때는 향이 강한 허브를 쓰지 않는다. 스톡은 모든 요리의 베이스가 되고, 다용도로 쓰여야 해서 어우러지면서도 맛을 돕는 향신료를 써야 한다. 부케가르니는 대파로 감싸서 조리용 실로 묶어서 쓰기도 하고, 국물 팩이나 스테인리스 망에 넣어 써도 된다.

허브와 스파이스 Herb & Spice

서양요리에서 향이나 맛을 더하기 위해 쓰는 향신료를 허브Herb와 스파이스Spice로 나눈다. 종종 스파이스만을 향신료라고 부르기도 하는데, 스파이스와 허브 모두가 향신료다.

허브가 잎, 줄기, 뿌리, 꽃 등이라면, 스파이스는 열매, 나무껍질, 건조한 것 등이다. 허브 중에서도 파슬리나 타임처럼 건조해서 쓰는 것들이 있지만, 보존을 위해 말리는 것뿐 스파이스로 분류하지는 않는다. 허브는 맛과 향을 살짝 돋우어주는 역할을, 스파이스는 이름처럼 스파이시하고 강해서 맛을 커버하고, 제거하는 역할이 사뭐 강하다. 그럼, 고추는 허브일까, 스파이스일까? 스파이스! 매워서가 아니다. 고추는 열매여서 스파이스다.

허브와 스파이스는 우리 음식에 자주 쓰이지 않기 때문에 낯설 수도 있다. 그런데 사실 우리에게도 있다. 달래 된장국의 달래, 찌개나 탕에 쓰이는 미나리, 어디든 빠지지 않고 들어가는 대파, 모두 허브다. 서양 허브와 다른 건 우리의 허브는 그 자체를 요리해서도 먹을 수 있지만, 양식에서는 주재료에 허브나 스파이스가 얹어진다는 거다. 바질을 아무리 좋아한다고 해도 바질만 무쳐서 먹는 건 힘들다.

오늘은 서양요리에서 가장 많이 쓰이는 허브와 스파이스 중 우리의 쿠킹 클래스를 도와줄 녀석들만 콕 찍어 얘기해보려고 한다. 익숙하지도 않고, 심지어 경험해보지도 않은 향과 맛을 설명으로 익힌다는 건 불가능하다. 외국인에게 취나물이나 깻잎의 향과 맛을 설명해야 한다고 상상해보자. 막막해진다. 익숙한 재료의 풍미는 감각이 기억하는 것이기 때문에 묘사하기가 어렵다. 설명하는 대신, 함께 먹어보는 게 가장 좋은 방법이다. 허브나 향신료도 마찬가지다. 많이 먹어보고 접해보고 친해지면 체득하게 될 것이다.

바질 Basil

바질은 아이티 부두교의 사랑의 여신인 에르줄리에게 바치는 허브였단다. 스위트 바질, 레몬 바질, 시나몬 바질이 있는데, 우리가 보통 바질이라고 부르는 건 스위트 바질이다. 바질은 약간 달콤하면서도 톡 쏘는 듯한 자극적인 맛이 있다. 향도 강해서 누군가 몰래 주방에서 바질을 딱 한입 뜯어 먹더라도 바로 들켜버린다.

향이 많이 퍼진다는 건 그만큼 잘 휘발된다는 거고, 자르면 향이 금방 날아가버린다는 얘기다. 그래서 다른 허브들과 달리 문지르거나 잘라서 넣지 않아도 된다. 프레시 바질은 토마토소스나 수프를 끓일 때 맨 마지막에, 말린 바질은 처음부터 넣어야 한다.

바질이 빠지면 안 되는 음식이 두 가지 있다. 이탈리아 요리인 마르게리타 피자와 카프레제 샐러드다. 마르게리타 피자의 색은 이탈리아 국기를 상징한다. 바질의 녹색, 모차렐라 치즈의 흰색, 토마토의 빨간색. 카프레제 샐러드는 카프리식 샐러드란 의미로 프레시 모차렐라 치즈, 토마토, 바질, 그리고 올리브오일과 발사믹으로 만든다. 여기서 눈치챘겠지만 바질은 토마토와 모차렐라와 정말 잘 어울린다. 그 밖에도 닭고기, 어패류, 샐러드, 파스타와 함께 써도 좋다.

햇빛과 공기를 좋아하는 바질은 숨을 쉴 수 있게 종이봉투나 비닐봉지에 구멍을 몇 개 뚫어서 보관한다. 단, 차가운 팬이 돌아가는 냉장고에서는 완전히 밀봉하지 않으면, 찬바람 때문에 쉽게 갈색으로 변한다. 키친타월을 넣어 수분을 흡수하게 해주면 좋다. 보관법은 모든 허브가 마찬가지다.

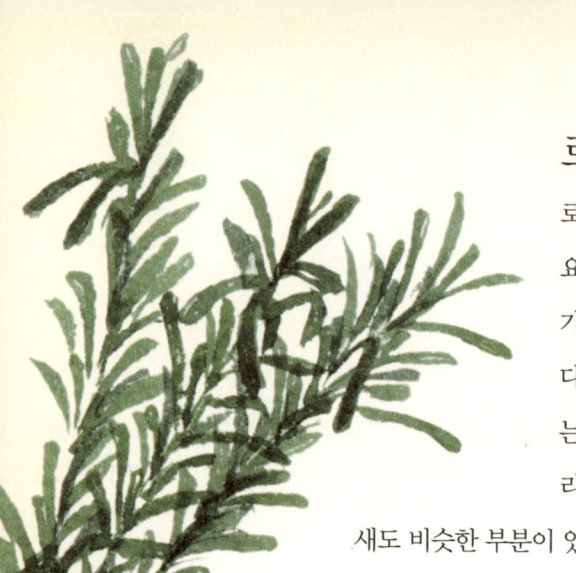

로즈마리 Rosemary

로즈마리의 꽃말은 '나를 생각하세요'다. 더 낭만적인 건 라틴어로 로즈가 '이슬', 마리는 '바다'라는 뜻이 있단다. 바다의 이슬, 바닷바람에 실려 오는 소나무 향처럼 로즈마리에서는 우리의 솔잎과 비슷한 향이 난다. 쓰임새도 비슷한 부분이 있다. 송편에 솔잎을 까는 건 향 때문이기도 하지만, 쉽게 상하는 걸 막기 위해서다. 로즈마리도 향이 강해서 요리할 때 육류의 비린내를 제거해주고, 방부효과가 있어 마리네이드할 때 쓰이기도 한다. 로즈마리의 가지는 소고기, 양고기, 닭고기, 생선과 함께 요리하고 잎은 토마토수프, 햄, 이탈리아 빵인 포카치아 등에 쓰인다.

타임 Thyme

우리나라에서는 백리향이라고 부른다. 용기와 기품이라는 꽃말이 있어서 남자들이 '나는 용기 있어. 나는 남성스러워' 하며 목욕 후에 향수 대신 발랐다는 얘기도 있다. 타임은 일반적인 타임과 레몬 타임, 크리핑 타임, 크게 세 가지로 나뉜다. 우리는 주로 일반 타임과 레몬 타임을 쓰는데, 요리의 베이스가 되는 스톡 같은 것엔 레

몬향이 나면 안 되니까 일반 타임을 쓰고, 레몬향이 들어가도 어색하지 않은 재료를 쓸 때는 레몬 타임을 가장 많이 쓴다. 육류, 생선, 어패류, 야채, 계란 등과 어울리고 로즈마리처럼 열에 강해서 오래 끓이는 수프나 스튜, 굽는 요리 등에 넣어도 실력을 발휘한다. 다른 허브들도 마음을 편안하게 해주는 역할을 해주지만, 특히 타임은 신경완화 효과가 커서 두통이 있고 우울할 때도 도움을 준다. 방부효과나 소독해주는 역할도 한다.

파슬리 Pasley

파슬리는 컬리 파슬리와 이탈리안 파슬리로 나뉜다. 컬리 파슬리는 장식으로 자주 쓰이는, 바로 그 녀석이다. 향이 강하고 물에만 담가놓아도 금방 파릇해지고 오래가기 때문에 장식용으로 많이 쓰인다. 이 녀석은 냄새를 제거하는 데에 최강자다. 입에서 양파나 마늘 냄새가 날 때 씹으면 입 냄새가 사라진다. 이탈리안 파슬리는 서양요리에서 기본으로 쓰인다. 냄새를 가려주는 역할도 하고, 요리의 마무리에 마치 우리의 파처럼 파슬리 찹을 뿌려준다. 여러 요리와 어울린다는 얘기다. 보통 서양요리에서 언급되고 쓰이는 파슬리는 이탈리안 파슬리다. 줄기는 스톡이나 브로스를 끓일 때, 잎은 거의 모든 요리에 파처럼 솔솔 뿌려서 쓴다.

영양학적인 부분이지만 파슬리는

산성식품을 중화해주는 역할을 한다. 또 유일하게 튀길 수 있는 허브인데 이유가 있다. 얘는 녹색이지만 카로틴 함량이 높다. 카로틴은 지용성이고 지방과 같이 있을 때 흡수가 잘된다. 사실 허브는 가니시로 적은 양만 쓰이기 때문에 영양소에 초점을 맞추기 어렵다. 향이 어떤 작용을 하는지가 더 중요하다.

월계수잎 Bay Leaf

마라톤 우승자의 월계관! 바로 이 녀석이다. 월계수잎은 힘과 영광, 승리를 상징한다. 닉네임은 향신료의 어머니. 자기가 튀고, 주인공인 게 아니라 품고 키워주는 역할을 하며 다른 스파이스나 허브의 맛과 향을 보완해줘서 붙은 이름이다. 그래서 수많은 요리에 쓰인다. 요리할 때는 보통 한 장 정도만 넣어도 되는데, 넣었을 때 익숙하게 먹던 양식의 향을 느낄 수 있다. 쌀에 넣어두면 벌레가 생기지 않을 정도로 방충효과도 강하다. 말리지 않은 월계수잎은 약간 쓴맛이 나는데, 말리면 특유의 단맛이 살아나서 건조한 월계수잎을 쓰는 거다.

후추 Pepper

후추는 크게 네 종류, 네 가지 색이다. 그린 페퍼, 블랙 페퍼, 화이트 페퍼, 핑크 페퍼. 핑크 페퍼를 제외하고, 수확시기와 가공방법에 따라 다를 뿐 모두 같은 종이다. 후추는 처음 열릴 때 녹색이다. 그러다가 익으면서 어두운 붉은색으로 변한다. 덜 익은 녹색일 때 수확해서 가공하는 것이 그린 페퍼와 블랙 페퍼다. 그린 페퍼는 싱그러운 녹색을 살려서 가공한 것이고, 블랙 페퍼는 갈변 효소를 활성화시켜 검은색에 가깝게 말린 것이다. 다 익은 후추를 따서 껍질을 벗긴 다음 건조한 게 화이트 페퍼. 핑크 페퍼는 다른 후추들와 전혀 다른 나무의 열매다.

그래서 당연히 그린 페퍼는 사워 프레시하고, 부드럽다. 강조해주기보다 재료와 섞여 어우러진다. 블랙 페퍼는 맵고, 더 강한 맛이 난다. 화이트 페퍼는 사실 흰색이라기보다 회색에 가깝다. 껍질이 없어서 맛이 연하고 부드럽다. 닭고기나 생선, 수프에 쓰인다. 보통 레스토랑 주방에서는 가장 약한 화이트 페퍼를 셰프가 쓰는 소금과 섞어 '셰프 솔트'를 준비해둔다. 기본 시즈닝을 할 때 항상 화이트 페퍼가 베이스로 들어가고, 고기의 경우 셰프 솔트로 시즈닝을 한 후 블랙 페퍼로 또 해주는 거다. 항상 약한 것부터 시작하면 고칠 수 있지만, 강한 것으로 시작하면 되돌릴 수 없다! 핑크 페퍼는 주로 장식을 할 때 쓰는데, 손으로 살짝만 눌러도 으깨지고 향이 약하며 살짝 달큰한 뒷맛이 있다.

정향 Clove

스파이스 중 유일하게 꽃봉오리를 말린 녀석인데 실제로 보면 못처럼 생겼다. 매운 향이 워낙 강해서 한꺼번에 두 개 이상 쓰지 않는다. 한두 개만 넣어도 충분히 냄새를 제거해준다. 향이 강하기 때문에 강한 재료와도 잘 어울린다. 보통 스튜나 국물 요리에 쓰인다.

너트메그 Nutmeg

우리와 너무나 익숙하지 않은 향의 스파이스다. 우리나라에서는 육두구라고 불린다. 너트메그의 향을 딱 구분 짓자면 단맛과 쓴맛이다. 계피에도 단맛이 있다. 복합적인 거라서 뚜렷하게 달지는 않지만 말이다. 너트메그도 마찬가지다 달큰한 향이 있다. 하지만 계피보다는 편하고, 입에 넣었을 때 화한 맛이 난다. 당연히 쓴맛이 있으니까 너무 많이 넣으면 안 된다.

너트메그에 익숙지 않으면 종종 후추를 넣은 걸로 착각하기도 한다. 후추처럼 알싸한 맛도 있지만, 너트메그에는 특유의 달고 향긋한 향이 있다.

알싸한 향은 전분이나 크림, 계란의 비린내 제거 전문이다. 감자, 계란, 치즈와 어울리고 육류, 계란 흰자, 생선, 도넛, 푸딩, 베샤멜소스에도 쓰인다. 육류 냄새를 제거해주고 소화촉진, 식욕증진 효능이 있다. 조금씩만 써도 알싸하게 매운 향으로 혀를 점령해버리므로 너무 많이 넣지 않도록 주의하자. 파우더로 판매하는 것도 있는데 호두알처럼 생긴 동그란 씨앗 형태의 것을 사서 탁탁탁 칼로 긁어 쓰는 게 좋다. 《향신료 전쟁》이라는 책에 의하면, 중세의 향신료 중 너트메그는 특히 더 귀하고 부의 상징으로 일컬어졌다고 한다. 다섯 알로 소나 말, 노예를 바꿀 수 있을 정도로 말이다. 지금 우리는 많은 사람이 전쟁을 일으키고, 죽어가면서까지 얻고 싶어 했던 후추와 정향, 너트메그 같은 향신료를 언제든지 손쉽게 사서 쓸 수 있다. 잠시 시간을 거슬러 올라가서 왕족처럼 향신료를 뿌려보자.

에필로그,
당신을 위한 파티

힘들 때 위로가 되고, 좋은 일은 함께 기뻐하는 소중한 사람들에게 진심을 전하는 일이 얼마나 될까. 지금껏 곁에서 마음으로 함께해준 다정한 사람 네 명을 떠올려보자. 앨리의 주방에서 열다섯 가지 요리를 함께한 당신을 축하하기 위해 파티를 열 시간이니까.

먼저 파티의 제목을 짓자. 나는 「맛있어도 괜찮아」라고 정했다. 그대로 따라하지 말고, 당신 자신을 위한 파티 제목을 생각해보자. 주제를 정하면 파티가 훨씬 재밌어진다. 「맛있어도 괜찮아」 파티에 온 사람들은 '복수해도 괜찮아, 뚱뚱해도 괜찮아, 사랑해도 괜찮아'처럼 말끝마다 '괜찮아'라는 말을 붙이면서 놀게 될 거다. 물론 '맛없어도 괜찮아'는 빠질 수 없겠지?

메뉴는 애피타이저 두 종류, 메인 하나, 디저트 정도로 정한다. 욕심이 나더라도 메뉴 개수를 늘리지 말자. 파티의 목적은 함께 먹고 마시고 이야기하는 거다. 힘들게 재료 준비하고, 음식을 하느라 정신없고, 산더미 같은 설거지에 지치다 보면 그럴 여유가 사라진다. 무엇보다 중요한 건 나 자신이 행복해지는 거다. 같이 장도 보고, 테이블세팅도 친구랑 재미있게 준비하고, 아무것도 하지 않은 사람에게는 설거지를 시키자. 완벽할 필요는 없다. 함께 시간을 나누는 게 중요한 거니까.

파티 메뉴를 정하고 장보기 리스트도 썼다면 잠들기 전에 초대장을 만들자. 예쁜 그림을 넣거나 메뉴를 미리 적어서 사람들이 기대하게 하자. 따로 파티 메뉴판을 만들어두는 것도 좋다. 파티 날, 초대한 사람들의 이름을 한 장씩 써서 자리마다 배치하는 다정함을 보여줄 수 있으니까.

파티 준비에 이틀은 잡아야 한다. 전날 장을 보고, 파티에 필요한 컵, 접시, 포크, 나이프, 음료를 체크해서 사두어야 하기 때문이다. 디저트는 미리 해놓고, 재료 손질을 하고, 치킨 브로스처럼 기본이 되는 재료도 전날 준비해두자. 그래야 당일에는 여유롭게 음식과 사람들에게 집중할 수 있다. 레스토랑 주방에서는 이런 작업을 미장플라스Mis en Place라고 한다.

연애편지를 쓰듯 메뉴를 구성해보자. 코스는 요리가 몇 개든 상관없이 크게 애피타이저, 메인, 디저트로 나뉜다. 레스토랑에서 맨 처음 나오는 아주 작은 크기의 음식도 애피타이저인데, 아뮤즈 부슈Amuse Bouche라고 불린다. 입을 즐겁게 한다는 뜻이다. 많은 셰프들이 아뮤즈 부슈를 사랑하고 공을 들이는 건 한입에 먹는 작은 크기 안에서 창의적인 표현을 할 수 있어서이기도 하지만, 음식들을 소개하는 첫인사이기 때문이다. 첫인상이 좋은 사람은 앞으로의 관계가 기대되기 마련이다.

애피타이저는 식욕을 돋우는 메뉴다. 메인보다 양이 많거나 비슷한 조리법으로 지루해지지 않도록 메뉴를 짜야 한다. 메인이 나올 때까지 다 보여주지도, 너무 단순하지도 않게 밀고 당기면서 기대감을 높이는 거다. 애피타이저는 샐러드, 가금류,

생선, 수프 등으로 구성한다. 물론 생선이나 가금류는 메인이 되기도 한다. 코스가 아니라 단품요리 한 접시로 낼 경우에는 양을 더 많이 담는다.

네 명 이상의 파티라면 메인 메뉴는 미리 끓이거나 익혀놓을 수 있는 요리로 정하자. 혼자서 호스트와 요리사의 역할을 동시에 하게 될 테니까. 포토푀는 한 시간 전에 올리면 되고, 로스트 덕은 오븐에서 알아서 익을 거고, 스튜는 전날 해두면 더 맛있는 요리다.

메뉴를 짜고, 리스트를 만들어 장을 보고, 미장플라스도 해놓고, 디저트도 미리 만들었다면 오늘은 일찍 푹 자자. 컨디션이 좋아야 음식도 맛있고 노는 것도 신난다.

파티 당일, 도와줄 친구가 있다면 파티타임 두 시간 전에 불러서 함께 준비하자. 테이블세팅도 시키고 혹시 빠뜨린 재료나 도구가 있다면 챙기게 해야 하니까. 6시에 시작하는 파티라면 메인이 나오는 시간을 7시 반으로 계산하고, 오래 걸리는 요리는 따로 계산해서 미리 오븐에 넣는다. 오븐에서 2시간 30분 정도 익히는 요리라면 5시쯤 오븐에 넣어야 한다. 산수로는 간단하지만 놓치기 쉽다.

음식이 나오기 전에 간단히 마실 것도 준비하자. 서양에서는 식전에 마시는 술을 아페리티프Apertif라고 부른다. 드라이 마티니나 브뤼 샴페인, 차갑고 드라이한 맥주처럼 달지 않은 음료가 좋다. 어디나 똑같다. 밥 먹기 전에 단 거 먹지 마라 하는 엄마 말씀은 옳다.

항상 하나라도 도와주려는 친구가 일이 끝나자마자 부리나케 달려와 30분 전에 도착했다면 일단 샴페인 한 잔을 주고, 감자 매시를 맡기고, 사람들이 오면 샴페인 따라주는 일도 부탁하자.

우리는 이제 슬슬 음식을 준비해야 한다. 애피타이저 메뉴가 샐러드라면 모두 다 모였을 때 드레싱을 뿌려서 버무리고, 블랜칭할 게 있다면 물을 미리 끓이자. 두번째 음식은 살짝 데우기만 하면 접시에 담을 수 있도록 준비해놓자.

사람들이 다 모이면 애피타이저를 완성하고, 그중 누군가에게 테이블로 나르게 하자. 다함께(물론 나도 함께) 앉아서 먹다가 접시를 걷어서 다음 음식까지 먹어치우고 있는 동안 메인요리가 다 되었다는 알람 소리를 듣게 될 거다.

왁자지껄 배부르게 먹었다면, 테이블을 다 치우고 미리 준비해둔 디저트를 나눠 먹자. 배부르고 행복한 무방비 상태의 친구들에게 오늘 파티의 주제인 '괜찮아'를 상기시켜주면, 그동안 바빠서 나눌 수 없었던 마음들을 슬그머니 꺼내어놓을 것이다. 조금 부끄러운 이야기도 '괜찮고', 어렵게 해낸 일에 대해 자랑을 늘어놓아도 '괜찮고', 조금 시끄러워도 '괜찮다'. 「맛있어도 괜찮아」 파티에는 서로를 따뜻하고 애정 어린 시선으로 바라봐주는 사람들만 초대되었으니까.

그런 파티라면 정말 좋겠지만, 굳이 파티가 아니면 어떤가. 당신의 매일매일이 사람들과 맛있는 것을 먹는 것만으로도 행복하기를.

맛있어도 괜찮아

괜찮은 사람들과 먹고 마시고 노는 것 괜찮아?

Date : 201X년 5월 2일 오후 6:00에 시작해서 괜찮을 때까지
Dress code : 멋있어도 괜찮아

Appetizer

봄바람 살랑 라비올리
Spring Herb and Vegetable Ravioli

태양이 키스한 라타투이
Ratatouille with Bread

Main

즐거움을 구운 로스트 덕과 감자 매시
Herb Crumble Stuffed Whole Duck Roast with Paris Mash

Dessert

달콤하게 사과할게 애플파이
Tarte Tatin with Fresh Cream

추천의 말

어느 해 봄이었나 보다. 대학을 갓 졸업한 한 아가씨가 레스토랑에 취업 문의를 했다. 어렵다고 하니 일주일 후 긴 머리를 싹둑 자르고 몇 개의 커다란 가방을 든 채 눈앞에 서서 웃고 있었다. 기막힐 노릇이었지만 그것은 시작에 불과했다.

식품영양학을 전공하고 요리사가 된 그녀에게 프랑스어로 된 요리책을 과제로 주고 일을 시켰다. 성별도 경력도 따지지 않고 똑같은 강도로 진행되는 트레이닝 과정이어서 일주일이나 버틸까 싶었는데, 싫은 표정 하나 없이 오히려 즐기는 것 같았다. 그렇게 그녀는 삼년이란 세월 동안 라미띠에의 현장을 지켰다. 그때의 시간들을 떠올릴 때마다 새삼 놀라게 된다. 끈기와 노력 그리고 감각과 열정이 없다면 불가능한 일들이었다.

요리 작가로의 변신 또한 새로움과 끊임없는 도전의 연속일 터인데 지침도 두려움도 보이지 않는다. 서양요리의 기초를 책으로 담는 것도 쉽지 않은 일인데, 아무 기초가 없는 초보자도 곧바로 핵심에 접근할 수 있도록 강의식으로 구성한 책의 깊이와 넓이에 감탄하게 된다.

행복하게 요리를 하며 다양한 경험과 지식을 바탕으로 더 상상하고 더 비상하는 그녀에게 지금의 작업들이 단지 일을 위한 삶이 아니라 그녀가 만들고 모두가 함께하는 즐거운 무대로 초대하는 자리가 되기를 바라 마지않는다.

서승호(전 라미띠에 오너셰프/서승호레스토랑 오너셰프)

추천의 말

사진을 보며 음식을 따라 만들다 보면 틀에 갇혀 단순 모방의 수준에서 발전할 수 없다. 그런 요리책들에 익숙해져 있던 차에 만나게 된 정지연 셰프의 책은 마치 요리계의 누벨퀴진처럼 새로운 유전자를 지니고 태어난 듯 보인다. 눈 씻고 찾아봐도 요리 사진은 없다. 그렇다고 까만 글자만 빼곡히 적혀 있는 것도 아니다. 정셰프가 담아내는 요리철학과 경험이 묻어나는 재미난 이야기가 파스텔톤의 아기자기한 그림들과 함께 독자들의 발길을 주방으로 옮기게 만든다.

세상에 널리 알려진 음식을 틀로 찍어낸 듯한 방식이 아닌, 요리사의 생각을 통해 새롭게 재해석하는 과정을 나는 '셰프터치Chef Touch'라고 부르는데, 정셰프는 그에 천부적인 재능을 가지고 있다. 서울, 파리, 멜버른을 오가며 보여준 그녀의 셰프터치는 기존 음식을 르네상스 예술작품처럼 새롭게 탄생시킨다.

모든 창의적인 행동은 사실 다른 사람이 만들어놓은 것을 따라하는 모방에서 시작되기도 한다. 책을 보고 요리를 따라 만드는 과정에도 분명 창조적 요소가 존재한다고 볼 수 있다. 주방에 소금과 후추 그리고 이 책만 있다면 즐거운 창작의 시간 준비 완료이다. 시대의 음식문화를 이끌고 가는 장인을 따라 여러분의 창의력을 발휘해보면 어떨까?

심순철(세종사이버대학교 조리산업경영학과 교수/프렌치 레스토랑 쉐시몽 오너쉐프)

추천의 말

앨리의 음식을 우연히 만난 곳은 홍대를 조금 벗어난 어두운 골목이었다. 그녀는 작은 펍에서 요리를 하고 있었다. 음식을 먹으려던 것은 아니었다. 단지 맥주를 한 잔하고 싶었을 뿐이다. 작은 주방이 그대로 보이는 바에 앉았다. 산미구엘 한 잔을 즐기면서 눈이 주방에서 나오는 요리를 향했다. 몇 자리 건너 앉은 손님들에게 도착한 요리는 놀랍게도 속이 채워진 로스트 치킨이었다. 심지어 잘 구워진 채소까지 접시에 놓여 있는! 컴포트 푸드Comfort Food 중의 컴포트 푸드를 한국에서, 그것도 바로 눈앞에서 보게 된 것이다. 두말할 것도 없이 흥미가 극에 달하여 다음주에 그곳을 다시 찾았다. 이번에는 물론 음식 때문이었다.

처음 먹은 앨리의 요리는 꿀과 함께 오븐에 구운 브리치즈였다. 치즈는 따뜻하게 흘러내렸고 꿀의 달콤함은 치즈의 진한 맛과 완벽하게 어울렸다. 따뜻한 토스트 조각에 치즈를 듬뿍 바르자, 한국에 온 이래로 가장 든든하게 배가 채워지는 느낌이었다. 뒤따라 메뉴에 도피누와라고 적힌, 얇게 슬라이스한 감자요리가 나왔다. 모차렐라 치즈와 버터, 크림으로 요리된, 켜켜이 쌓인 감자 사이를 포크로 자르는 순간, 나는 이 가게가 '진짜'임을 알았다. 5년 동안 레스토랑에서 요리를 했지만 여전히 좀더 배우고 싶어하던 참이었다. 앨리의 레시피를 배우면서 주방보조로 일할 수 있는지 물어보자 그녀는 흔쾌히 동의했다. 그 후로 3년 동안 레스토랑 세 군데를 거치며 그녀를 따라다니고 있다.

앨리의 음식이 '진짜'인 이유를 묻는다면 답은 간단하다. 그녀는 모든 것을 가장 기초적인 지점부터 정확한 방법으로 준비한다. 그녀는 결코 요령을 피우지 않고 자기만의 소스와 빵 그리고 심지어 치즈를 만들어왔다. 그녀에게 배운 첫번째 레시피는 리코타 치즈였다. 단순한 만큼 우아하다. 우유, 크림, 소금, 레몬즙. 이 단순한 재료들은 완벽한 치즈를 만드는 어려움을 거짓말로 만들어버린다. 필요한 건 불과 시간뿐이다. 하지만 레시피만으로는 따라할 수 없다. 그녀가 만드는 치즈를 수없이 보아왔지만 볼 때마다 그 체계성에 감탄하곤 한다. 모든 것이 치즈와 같다. 빵은 신선하고, 치킨 스톡은 시간을 들여 조리되었으며, 오렌지소스와 팬에서 구운 오리 가슴살은 재료만큼 신선하다. 미국의 존경받는 주방이라면 모르지만, 한국에서 이렇게 정확한 방법으로 요리하는 1인 주방을 찾는 건 쉽지 않다.

그녀의 음식을 돋보이게 하는 것은 단순히 '방법'만이 아니다. 프렌치 테크닉을 배우고 한국에서 자란 앨리는 거침없이 문화에서 문화로, 요리에서 요리로 그리고 세계에서 세계로 옮겨다닌다. 그녀의 오징어먹물 피자 도우나 사과 슬라이스를 얹은 매력적인 고르곤졸라 피자, 제대로 된 토마토소스를 올린 살라미 피자를 보면 창의성이 번뜩인다. 그러나 역시 그녀의 요리 중 내가 가장 좋아하는 것은 파리스 매시이다. 미국에서도 그렇게 크리미하고 부드러운 매시 감자를 먹어본적이 없다.

앨리와 함께 요리하고 그녀의 방식을 배우는 일은 한국에서 외국인으로 살아가면서 가장 즐거운 경험 중의 하나이다. 기대하지 않았던 것이기에 더욱 소중하다. 다양한 퀄리티를 가진 미국 레스토랑 6곳에서 요리해봤지만, 진정한 컴포트 푸드는 고맙게도 앨리에게 배운 것이 전부다.

     Paul Chang(하버드대학 사회학 부교수/아마추어 요리사)

Down-Home Comfort Food in Seoul: The Food of Ally

It was a small dark corridor on the fringe of the Hongdae area of Seoul where I first encountered Ally J's food. Hongdae, known as a subcultural haven in what most would consider to be a conservative Korean society, was where we would go to find "authentic" foreign culture. Whether the "real" hip hop or the "true" punk, Hongdae was the place. Food was no different. As a foreigner in Korea, one of my first missions was to find some decent Mexican food. "Go to Hongdae," people told me, and so I did.

While I didn't find authentic Mexican food in Hongdae or Seoul for that matter, I did find Ally. At the time she was cooking at a small pub called "One's Lane." I didn't go there for the food, just for a beer on a thirsty night. I sat at the inviting bar with a clear view of the small kitchen. As I enjoyed my pint of San Miguel (off the tap no less!), my eyes were drawn to a dish coming out of the kitchen. The dish ended up a few seats down from mine at the bar and, probably breaking the "don't stare" etiquette, I was surprised to find that it was a full roast chicken with stuffing! Roast vegetables on the side as well! It was the comfort of all comfort food, and right here in Seoul, South Korea. Needless to say my interest was piqued and I came back the next week with the explicit mission to try the food at One's Lane.

My first taste of Ally's food was an oven warmed brie cheese with honey. The cheese was warm and oozing, and the sweetness of the honey blended perfectly with the richness of the cheese.

I slathered that cheese on slabs of warm toast, my stomach more content than it has been since arriving in Korea. I followed that dish with an order of Ally's scalloped potato which the menu called dauphinoix. My fork sliced through the many layers of potato cooked in cream, butter, and mozzarella cheese. After that second dish I knew this place was the real deal. Having cooked in restaurants myself for five years but still wanting to learn more, I asked Ally if I could stage at her restaurant as a prep cook and learn some of her recipes. Much to my delight she agreed. I have been learning from her almost three years now and at an equal number of restaurants.

If I could pinpoint one reason why Ally's food is the "real deal," it's simply because everything is prepared the right way . . . that is, from scratch. She never cuts corners and is insistent on making all of her own sauces, bread, and even cheese. One of the first recipes I learned from her was ricotta cheese. It's as simple as it is elegant. Some milk, some cream, pinch of salt, and a squeeze of lemon. The simplicity of the ingredients belie the difficulty of making a perfect cheese. It's all in the timing and control of the heat. And you can't follow a book recipe for that. Over the years I've seen her make her cheese countless times and each time I am amazed at the systematic nature in which she approaches it. Everything else is like the cheese. Her bread is fresh baked, her chicken stock takes hours to cook down, and the orange reduction sauce accompanying her pan-seared duck breast is as fresh as they come. While this might not sound out of place at a respectable kitchen in America, here in Korea, it is a rare thing to see a one-person kitchen doing it the right way.

And it's not just "methods" that makes her food stand out; it's also her creativity. Trained in french techniques, and having grown up in Korea, Ally is able to effortlessly move from culture to culture, dish to dish, and indeed, world to world. Her creativity is evident in dishes like her squid ink pizza dough that she uses to make a delectable gorgonzola cheese pizza with razor thin apple slices or a more standard tomato base salami pizza. Some of my all time favorite Ally dishes are: the paris mash skillet which is a mash potato that is as smooth and creamy as I've ever had in the states, the aforementioned duck breast cooked perfectly to show just the right amount of pink with her orange reduction sauce, her hearty beer battered fish and chips, and her grill-seared lamb ribs (not chops, full ribs) that is marinated with a blend of western and Korean seasonings.

The chance to cook with Ally and to learn her ways has been one of the most pleasurable experiences I have had living as a foreigner in Korea. I did not expect such an experience here but that makes it that much more precious. Having cooked in six different restaurants in America, of varying quality, thanks to Ally it is in Korea that I learned what real down-home comfort food cooking is all about.

사랑과 존경을 담아, 어머니에게.

요리와 자료사진을 도와주고 언제나 든든하게 옆을 지켜주는 재간둥이, 메르삐꽁의 이종우 부장. 센스와 매력을 겸비한 미래의 패션디자이너, 메르삐꽁의 이건중 매니저. 우연히 가게로 들어와 순수하게 요리를 사랑하는 에너지를 나눠주는 자칭 아마추어 요리사이자 이미 훌륭한 요리사인 폴, 파리의 인연으로 함께 메르삐꽁을 만드는 파트너가 된 빈티지 샵 아델의 이재원 대표, 맛있는 원두로 철야를 도와주신 커피 볶는 미스터빈의 김상국 대표, 회의할 때 소비된 많은 술의 오랜 거래처 신합상사의 송병철 차장.

많은 것들을 배우고 익힌 세종대학원 조리외식경영의 스승 이애주 교수, 요리를 사랑하면서 살도록 가르쳐주신 요리 스승 서승호 셰프, 만나면 요리이야기로 늘 즐겁고 고마운 쉐시몽의 심순철 셰프, 육류전문가로 기꺼이 조언해주신 조선호텔 요리사 홍종유 선배, 좋은 친구이자 이웃으로 진심을 담아 격려의 술잔을 나누는 판당고의 박정수, 칭찬으로 작가를 춤추게 하시는 부드러운 카리스마 큐리어스 김민기 대표, 세상을 삼킬 것 같은 열정으로 곁에서 에너지를 불어넣어주신 전설의 마케터 서재근 이사, 함께 작업하다 보면 세상을 다 그려서 줄 것만 같은 이혁 작가, 지성과 미모의 아이콘, 사랑하는 김보희 에디터, 늘 힘이 되고, 언제나 그립고 사랑하는 나의 가족들. 요리로 인해 이토록 멋진 사람들을 만날 수 있다는 것에 감사.

Ally J.

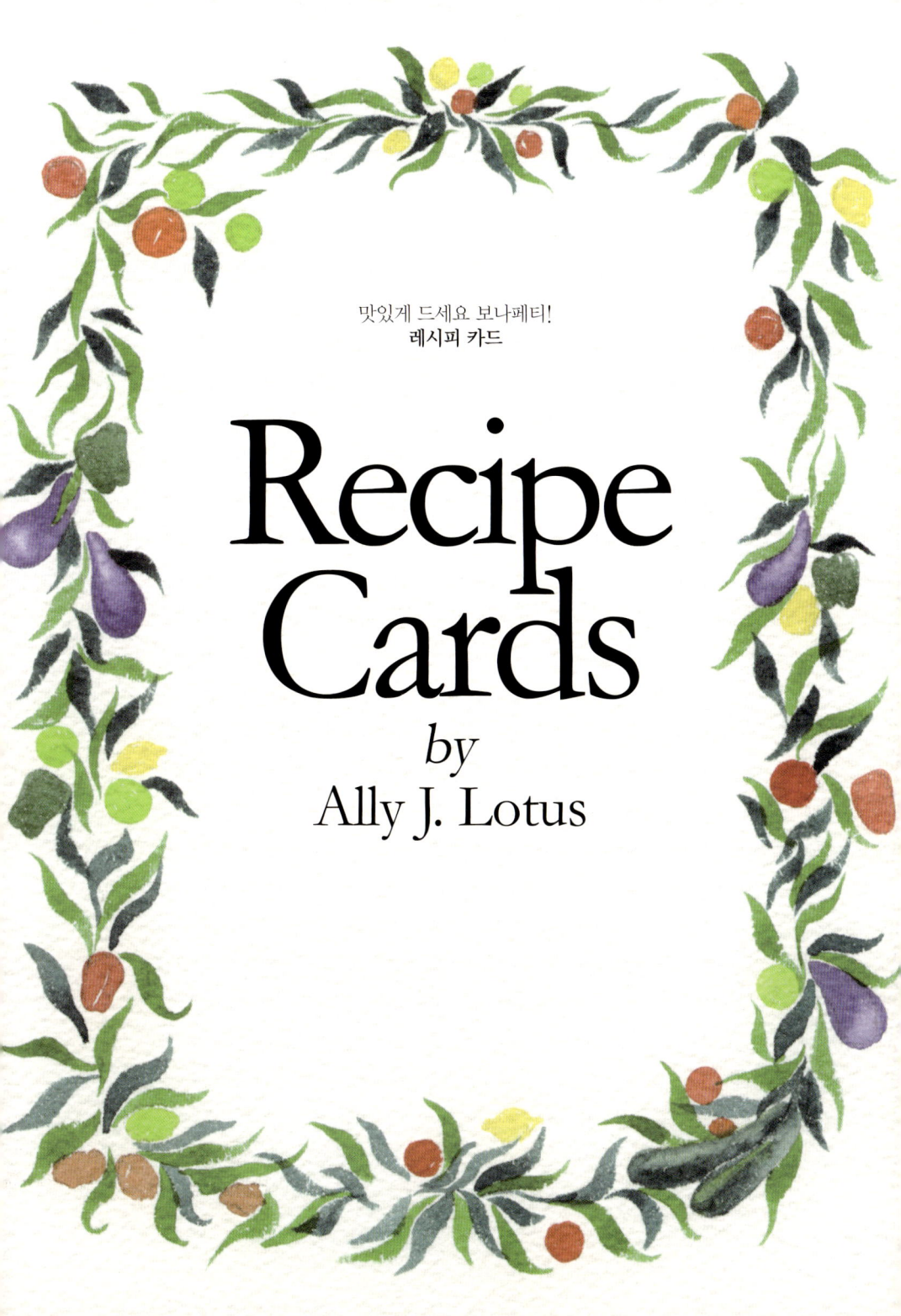

맛있게 드세요 보나페티!
레시피 카드

Recipe Cards

by
Ally J. Lotus

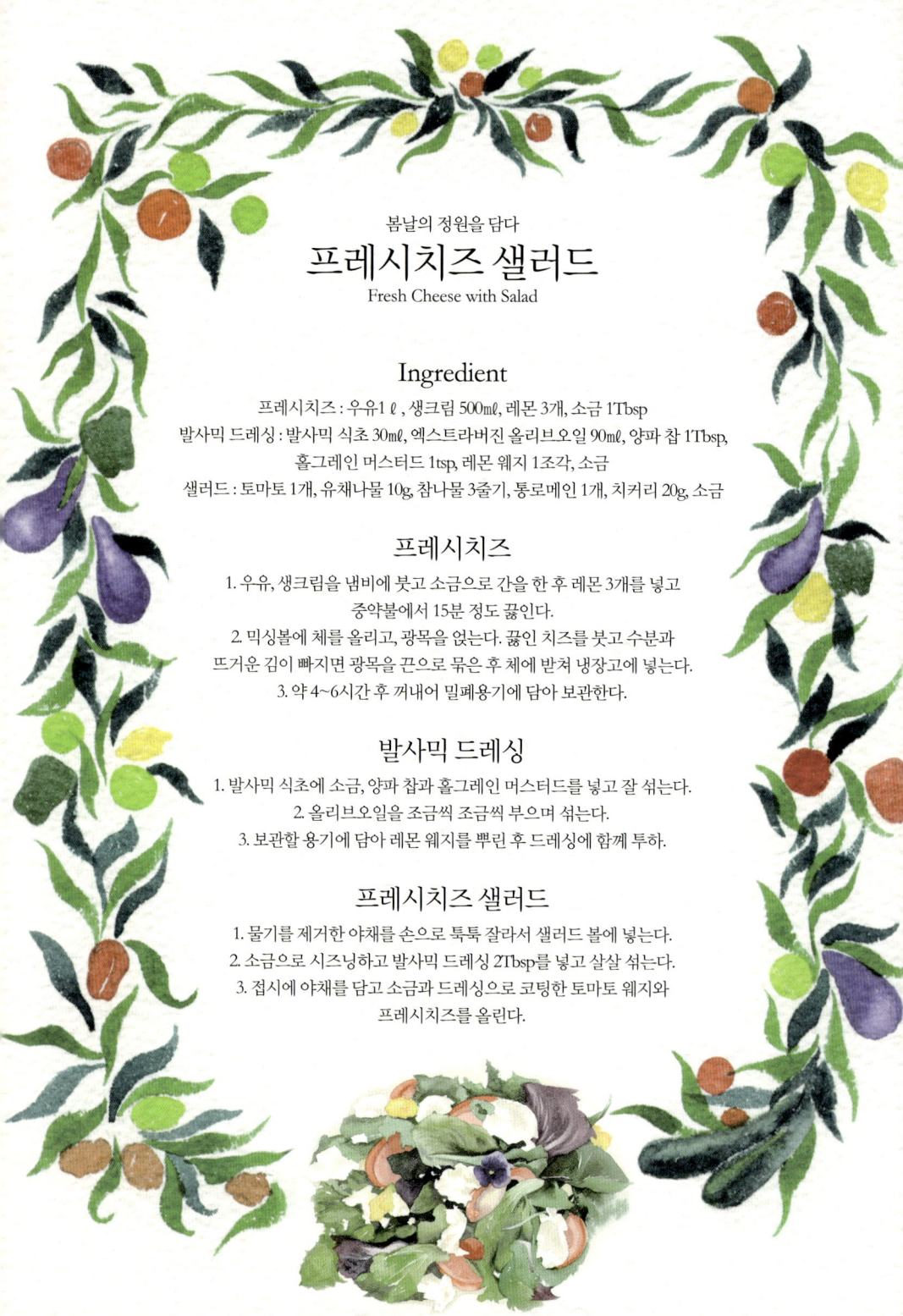

봄날의 정원을 담다
프레시치즈 샐러드
Fresh Cheese with Salad

Ingredient

프레시치즈 : 우유 1ℓ, 생크림 500㎖, 레몬 3개, 소금 1Tbsp
발사믹 드레싱 : 발사믹 식초 30㎖, 엑스트라버진 올리브오일 90㎖, 양파 찹 1Tbsp,
홀그레인 머스터드 1tsp, 레몬 웨지 1조각, 소금
샐러드 : 토마토 1개, 유채나물 10g, 참나물 3줄기, 통로메인 1개, 치커리 20g, 소금

프레시치즈

1. 우유, 생크림을 냄비에 붓고 소금으로 간을 한 후 레몬 3개를 넣고 중약불에서 15분 정도 끓인다.
2. 믹싱볼에 체를 올리고, 광목을 얹는다. 끓인 치즈를 붓고 수분과 뜨거운 김이 빠지면 광목을 끈으로 묶은 후 체에 받쳐 냉장고에 넣는다.
3. 약 4~6시간 후 꺼내어 밀폐용기에 담아 보관한다.

발사믹 드레싱

1. 발사믹 식초에 소금, 양파 참과 홀그레인 머스터드를 넣고 잘 섞는다.
2. 올리브오일을 조금씩 조금씩 부으며 섞는다.
3. 보관할 용기에 담아 레몬 웨지를 뿌린 후 드레싱에 함께 투하.

프레시치즈 샐러드

1. 물기를 제거한 야채를 손으로 툭툭 잘라서 샐러드 볼에 넣는다.
2. 소금으로 시즈닝하고 발사믹 드레싱 2Tbsp를 넣고 살살 섞는다.
3. 접시에 야채를 담고 소금과 드레싱으로 코팅한 토마토 웨지와 프레시치즈를 올린다.

신선한 계란으로 할 수 있는 일
프리타타
Frittata

Ingredient

계란 믹스 : 계란 3개, 생크림 90㎖, 그라나파다노 10g, 소금 2핀치, 너트메그
프리타타 : 데친 시금치 50g, 선드라이 토마토 20g, 양송이 2개,
양파 찹 1Tbsp, 마늘 1개, 버터 10g, 소금, 후추

1. 시금치를 소금 1줌 넣은 뜨거운 물에 살짝 데친다.

2. 찬물에 헹구어 식힌 후 물기를 짜고 4cm 길이로 자른다.
양송이버섯 2등분, 선드라이 토마토는 먹기 좋은 크기로 자른다.

3. 달군 팬에 버터를 올리고 양파 찹과 다진 마늘을 볶는다.

4. 단 냄새가 풍기면 양송이를 노릇하게 볶다가 데친 시금치 투하.
소금 후추 해주며 버터에 코팅하듯 살짝 볶는다. 완성되면 식히기.

5. 믹싱볼에 계란, 생크림, 그라나파다노를 넣고 소금, 너트메그를 살짝 뿌리고
위스크로 섞어 계란 믹스를 만든다.

6. 야채 볶은 팬에 충분히 식힌 볶은 재료와 계란 믹스를 붓고,
225℃로 예열한 오븐에서 8분간 굽는다.
살짝 갈색이 나고, 가운데가 푸딩처럼 흔들리면 완성.

7. 잘라서 먹으려면 식힌 후 접시로 옮긴다.

파리의 해장법
프렌치 어니언 수프
French Onion Soup

Ingredient

치킨 브로스 : 중닭 1마리, 미르포아(양파2개, 당근½개, 셀러리2줄기), 마늘 3알, 부케가르니(대파 흰 부분, 월계수잎, 통후추, 정향, 타임, 파슬리)

프렌치 어니언 수프 : 큰 양파 3개(750g), 치킨 브로스 1,200㎖, 마늘 4알, 버터 40g, 월계수잎 1장, 화이트와인 100㎖, 소금, 통후추, 바게트 빵, 모짜렐라 혹은 에멘탈 치즈

치킨 브로스

1. 닭을 손질하고, 미르포아를 준비한다(손질법은 52쪽)
2. 깊은 냄비에 닭을 넣고 블랜칭한 후 씻는다.
3. 냄비에 닭, 미르포아, 마늘, 부케가르니를 넣고 재료보다 4cm 올라올 정도로 찬물을 부은 후 거품을 걷어내며 끓인다.
4. 1시간 30분 후 체에 걸러 맑게 해준다.

프렌치 어니언 수프

1. 양파를 0.3~0.5cm로 슬라이스한다. 마늘도 으깨어 준비.
2. 중불에 달군 팬에 버터를 넣고 양파 캐러멜라이징 시작. 숨이 죽고 색이 나면 약불로 줄이고 자주 젓는다. 이때 으깬 마늘 넣고, 소금, 후추. 중간에 화이트와인으로 데글라세해주며, 진한 골든 브라운이 될 때까지 볶는다.
3. 캐러멜라이징한 양파에 치킨 브로스 1ℓ, 월계수잎 넣고 약불에서 20분간 끓이면서, 소금으로 기본 간을 한다. 나머지 치킨 브로스 200㎖로 수프의 농도를 맞추고 마무리 간을 한다.
4. 그릇에 수프를 담고 바삭하게 구운 바게트를 올리고 치즈를 얹는다.
5. 220℃로 예열된 오븐에 넣고 치즈가 노릇하게 구워지면 꺼낸다.

정말로 감자라니까요
파리스 매시
Paris Mash

Ingredient
감자 매시 : 중간 크기 감자 3개, 우유, 버터 50g, 소금 1Tbsp, 너트메그
감자 그라탱 : 감자 매시, 브로콜리, 양송이버섯, 완두콩 10알, 양파,
모차렐라 치즈, 올리브오일, 버터 10g, 소금, 후추

감자 매시
1. 감자 껍질을 벗기고 싹을 도려내 손질한다.
2. 냄비에 감자가 잠길 만큼 찬물을 붓고 뽀얗게 될 정도의
우유, 소금을 넣는다.
3. 35~40분간 삶는다. 가장 큰 감자가 다 익으면 체에 부어 건진다.
4. 믹싱볼에 버터를 넣고 체를 올린 다음 감자가 식기 전에,
스크래퍼로 매시를 내리기 시작한다.
5. 다 내린 매시와 버터, 데운 우유 1컵을 넣고 크리미한 농도로 섞는다.
소금으로 간을 하고 너트메그를 뿌린다.

감자 그라탱
1. 브로콜리와 양송이버섯 2등분, 양파는 찹한다.
2. 달군 팬에 오일을 두르고 양파를 노릇하게 볶다가 브로콜리, 완두콩,
양송이버섯 넣고 소금 후추. 브로콜리가 환한 녹색빛이 돌 때 버터를 넣고 코팅한다.
3. 감자 매시를 팬에 덜고 볶은 야채와 버무린다.
4. 그라탱 볼에 야채와 버무린 감자 매시를 넣고 치즈를 뿌린다.
오븐에서 치즈가 노릇하게 녹으면 후추로 마무리.

토마토가 익어가는 시간
토마토 홍합스튜
Tomato Mussel Stew

Ingredient

토마토소스 : 홀 토마토 캔 800g, 양파 ¾개, 마늘 1알,
부케가르니(월계수잎, 파슬리, 통후추), 올리브오일, 소금
토마토 홍합스튜 : 홍합 600g, 토마토소스 500g, 화이트와인 200㎖, 토마토 1개, 양파 ¼개,
페페론치노 2개, 대파 흰 부분 1개, 마늘 1알, 월계수잎, 올리브오일, 소금

토마토소스

1. 양파 1개를 찹하고(¼은 스튜에 넣을 거다) 마늘은 으깬다.
2. 달군 팬에 올리브오일을 두르고 양파 찹 ¾, 으깬 마늘을 넣고 볶는다.
3. 양파가 투명해지면 홀 토마토를 국물까지 붓고
중약불에서 작은 방울을 터뜨리기 시작하면 부케가르니를 넣고 15분 끓인다.

토마토 홍합스튜

1. 홍합을 손질하고(83쪽) 생토마토를 주사위 모양으로 작게 자른다.
마늘은 칼로 으깨고, 대파는 슬라이스한다.
2. 팬에 올리브오일을 두르고 달군다. 양파, 대파, 마늘을 넣고 살짝 볶는다.
3. 양파가 투명해지면 홍합을 넣는다. 불은 센 불.
4. 바로 화이트와인을 붓고 페페론치노를 부셔서 넣는다.
5. 뚜껑을 덮고 20초에 한 번씩 흔들며 1분간 익힌다.
6. 토마토소스를 넣고 센 불에서 끓이며 마지막 간을 한다.
7. 생토마토를 넣고 센 불에서 후루룩 끓인다.
8. 오목한 그릇에 국물도 함께 담아준다.

태양이 키스한 야채스튜
라타투이
Ratatouille

Ingredient

주키니 1개, 가지 2개, 빨간색과 노란색 파프리카 각 1개,
초록색 피망 1개, 홀 토마토 500g, 양파 ½개, 마늘 3알, 토마토 2개, 올리브오일,
월계수잎, 타임, 바질, 엑스트라버진 올리브오일, 소금, 후추

1. 주키니, 가지, 파프리카, 피망을 3cm 크기로
일정하게 자른다(야채 자르는 법 95쪽).
토마토는 큐브 모양으로 잘라준다. 양파는 찹, 마늘은 다진다.

2. 라타투이를 끓일 냄비에 올리브오일을 두르고 양파 찹을 볶다가,
홀 토마토를 전부 붓는다. 월계수잎, 타임을 넣고 약한 불에서 끓인다.
소스가 지금보다 ⅔로 줄었을 때 볶은 야채를 넣는다.

3. 냄비 옆에 팬을 올리고 올리브오일 두르고 센 불에서 달군다.
주키니, 가지, 파프리카, 토마토 순으로 각각 소금, 후추, 다진 마늘 살짝 넣고
골든 브라운으로 소테한다. 다 되면 토마토소스 냄비로 투하.

4. 토마토소스 냄비에 모든 야채가 담겼다면
35분간 약한 불에서 뭉근하게 끓인다.

5. 마지막 간을 하고 완성한 후 오목한 접시에 담는다.

시간을 거슬러 돌아온 것들
연어 스테이크와 대파 크림스튜
Salmon with Leek Cream Stew

Ingredient
연어 스테이크 : 스테이크용 생연어, 올리브오일, 버터 10g, 소금, 후추
대파 크림스튜 : 대파 흰 부분 5개, 치킨 스톡(브로스) 200㎖, 생크림 100㎖,
레몬 웨지와 버터 10g, 월계수잎.

1. 연어를 손질하고 칼집을 낸다(연어 손질법 109쪽).
물기를 닦고 소금 후추로 시즈닝한다. 대파는 흰 부분을 7cm로 자른다.

2. 스튜 만들 팬과 연어 구울 팬을 나란히 올리고, 스튜부터 불을 켠다.
치킨 스톡, 월계수잎, 대파를 넣고 소금 후추를 해주며 낮은 온도에서 익히기 시작.

3. 연어 구울 팬에 올리브오일을 두른 후 충분히 달구고
껍질이 팬에 닿게 올린다. 집게로 살포시 눌러주며 익힌다.

4. 파가 부드럽게 익으면 생크림을 넣고 졸이다가 소금으로 간하고,
레몬 웨지를 짜서 즙을 넣는다.
스튜가 처음보다 ⅔ 정도로 졸면 불을 끄고 버터를 넣고 잘 섞는다.

5. 연어가 ⅛ 정도 익으면 버터를 넣고 옆면을 익히다가 껍질이 위로 가도록 놓는다.
칼집 사이 살이 발그레하고, 껍질이 노릇하게 익으면 완성.

6. 접시에 익은 대파를 놓고, 소스를 붓고 껍질이 위로 가게 담는다.

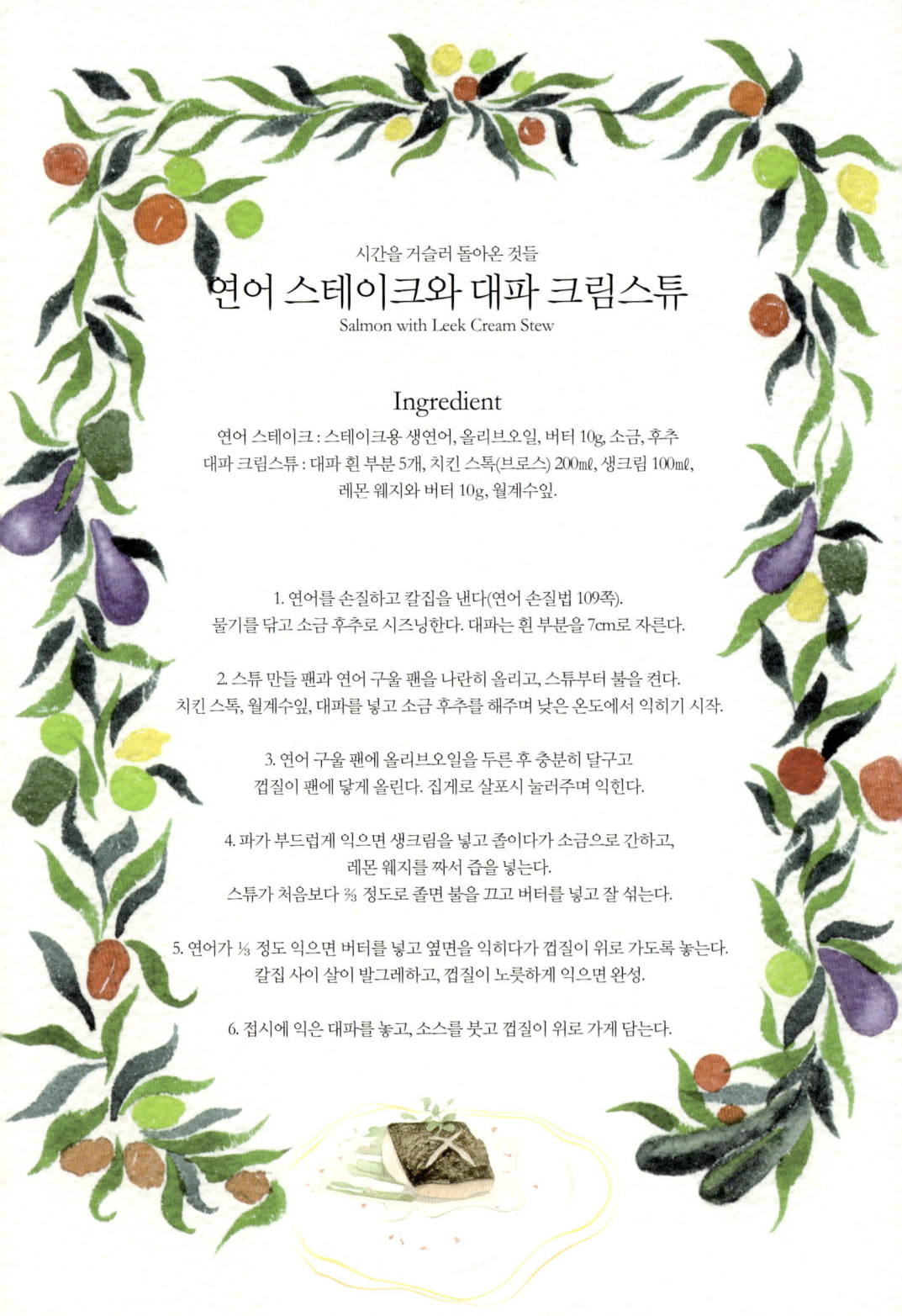

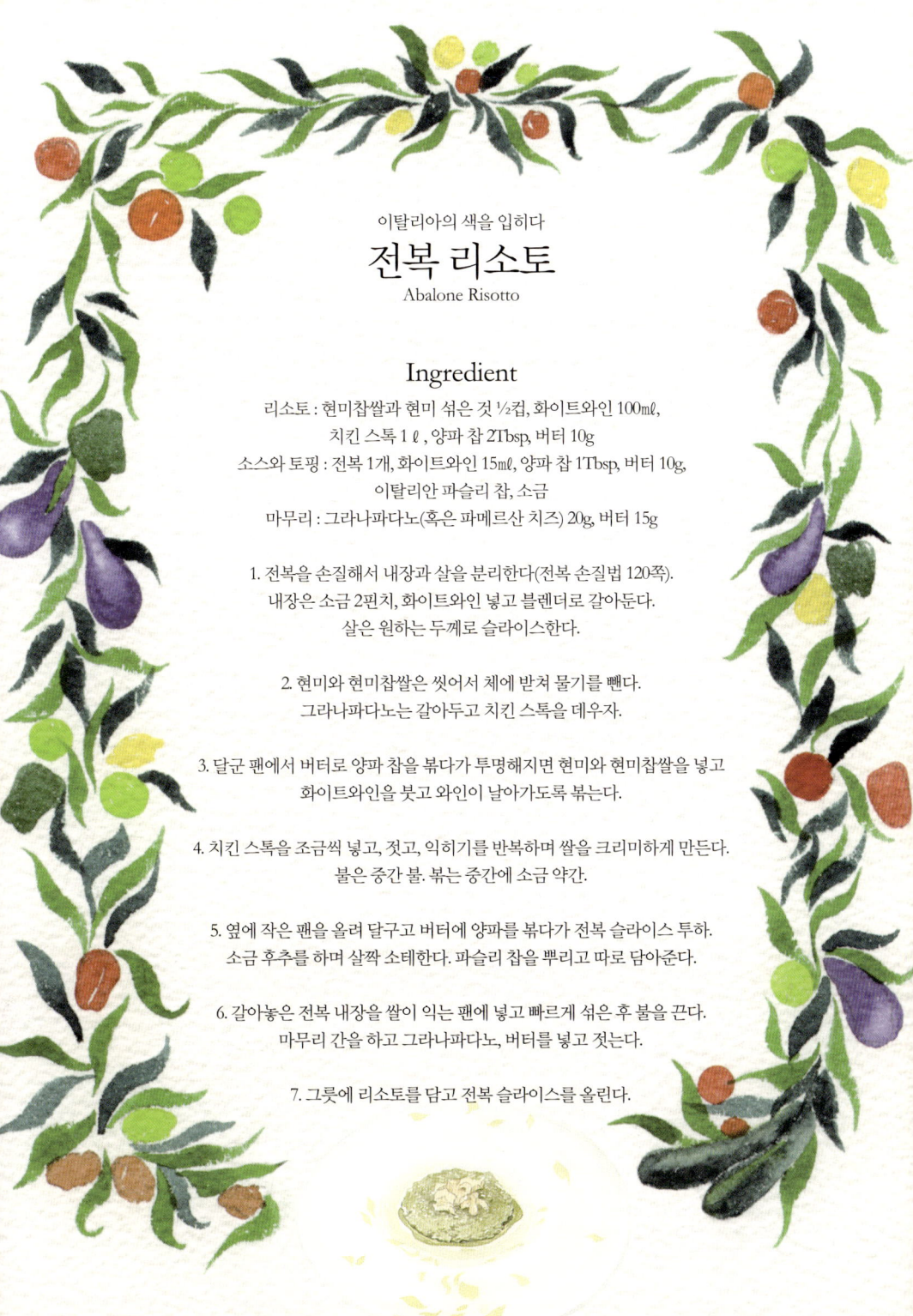

이탈리아의 색을 입히다

전복 리소토
Abalone Risotto

Ingredient

리소토 : 현미찹쌀과 현미 섞은 것 ½컵, 화이트와인 100㎖,
치킨 스톡 1ℓ, 양파 찹 2Tbsp, 버터 10g
소스와 토핑 : 전복 1개, 화이트와인 15㎖, 양파 찹 1Tbsp, 버터 10g,
이탈리안 파슬리 찹, 소금
마무리 : 그라나파다노(혹은 파메르산 치즈) 20g, 버터 15g

1. 전복을 손질해서 내장과 살을 분리한다(전복 손질법 120쪽).
내장은 소금 2핀치, 화이트와인 넣고 블렌더로 갈아둔다.
살은 원하는 두께로 슬라이스한다.

2. 현미와 현미찹쌀은 씻어서 체에 받쳐 물기를 뺀다.
그라나파다노는 갈아두고 치킨 스톡을 데우자.

3. 달군 팬에서 버터로 양파 찹을 볶다가 투명해지면 현미와 현미찹쌀을 넣고
화이트와인을 붓고 와인이 날아가도록 볶는다.

4. 치킨 스톡을 조금씩 넣고, 젓고, 익히기를 반복하며 쌀을 크리미하게 만든다.
불은 중간 불. 볶는 중간에 소금 약간.

5. 옆에 작은 팬을 올려 달구고 버터에 양파를 볶다가 전복 슬라이스 투하.
소금 후추를 하며 살짝 소테한다. 파슬리 찹을 뿌리고 따로 담아준다.

6. 갈아놓은 전복 내장을 쌀이 익는 팬에 넣고 빠르게 섞은 후 불을 끈다.
마무리 간을 하고 그라나파다노, 버터를 넣고 젓는다.

7. 그릇에 리소토를 담고 전복 슬라이스를 올린다.

어느 일요일의 프랑스 식탁
코코뱅
Coq au Vin

Ingredient

코코뱅 : 토종닭 1마리, 레드와인 1병, 밀가루 ½컵, 치킨 스톡 500㎖,
미르포아(큰 양파 2개, 중간 당근 1개, 셀러리 2줄기),
부케가르니(대파, 이탈리안 파슬리 줄기, 타임, 월계수잎, 통후추, 정향),
양송이버섯과 방울토마토(원하는 만큼), 마늘 3개, 버터 30g, 올리브오일, 소금
가니처 : 쿠스쿠스½컵, 치킨 스톡 1컵, 완두콩, 소금, 후추

1. 닭을 손질하고 미르포아를 준비한다(손질법 132쪽)
양송이는 2등분 혹은 그대로 둔다.

2. 냄비에 와인과 월계수잎을 넣고 약한 불에서 반으로 줄면 치킨 스톡을 붓는다.

3. 닭에 소금, 후추한 후 밀가루를 묻혀 올리브오일 두른 팬에서 센불에 시어링한다.
중간중간 버터를 넣으며 골든 브라운이 된 닭은 와인 냄비로 투하.

4. 닭을 볶았던 팬에 미르포아를 소테한다. 골든 브라운 색이 나면 냄비로 투하.
양송이 노릇하게 볶아서 냄비 투하.

5. 부케가르니와 마늘을 넣고 약불에서 1시간 뭉근하게 끓인다.
거품이 떠오르면 걷어준다.

6. 끓이는 동안 작은 팬에 치킨 스톡, 소금 후추한 후 완두콩을 넣고 1분 정도 뜨겁게
데운다. 불을 끄고 쿠스쿠스와 버터를 넣고 뚜껑을 덮으면 완성.

7. 닭다리 뼈가 2cm 이상 드러나면 마무리 간을 한다.
방울토마토를 그대로 넣고 살짝 젓는다.
8. 접시에 쿠스쿠스를 깔고 닭과 야채를 담고 국물을 끼얹는다.

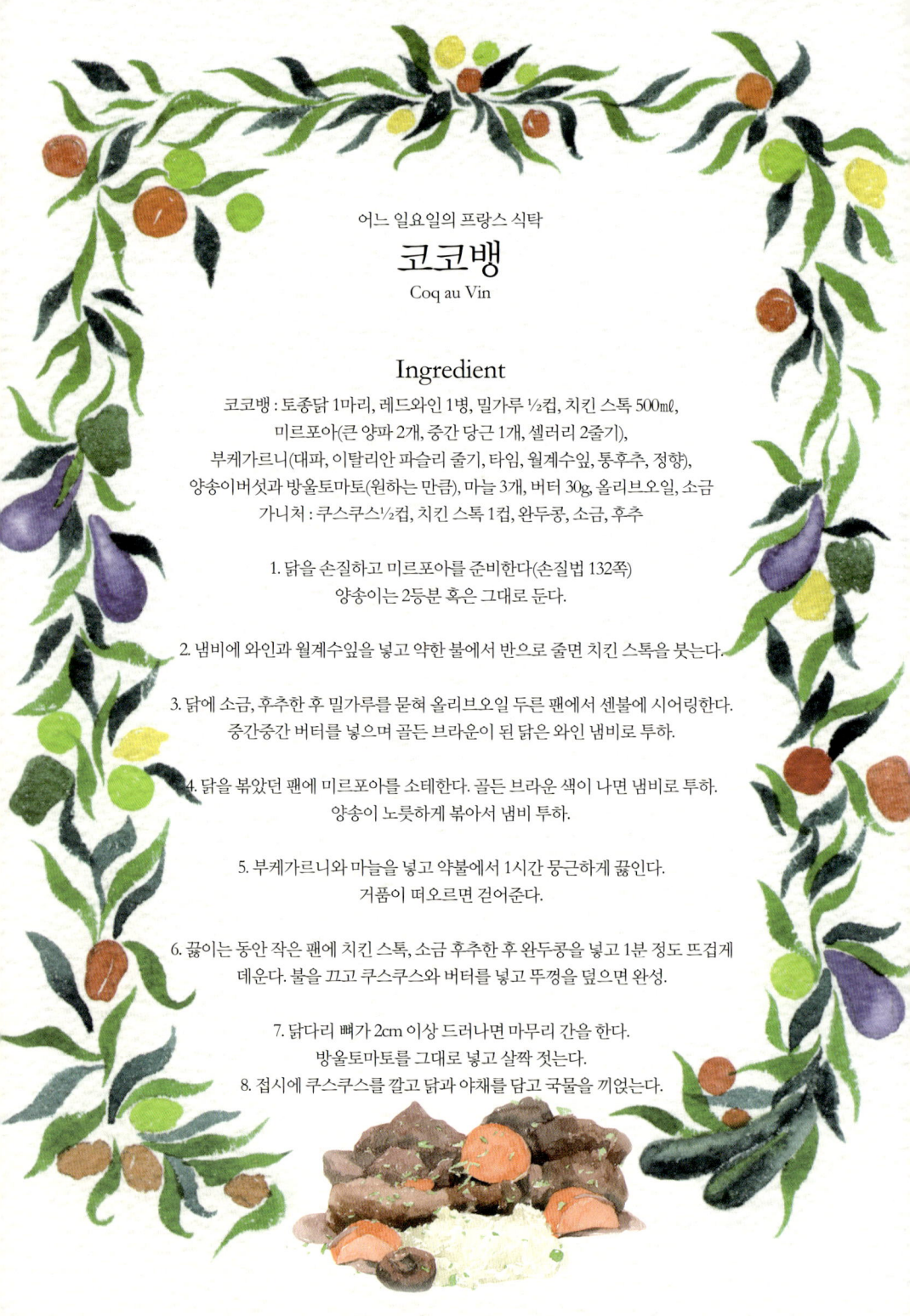

누구에게나 그리운 맛은 있다
가자미 버터구이
Sole Meuniere

Ingredient
가자미 버터구이 : 가자미, 밀가루, 버터 30g, 소금, 후추
레몬 버터소스 : 화이트와인 50㎖, 버터 40g, 레몬즙 1Tbsp, 파슬리 찹, 소금

1. 가자미를 손질한다(가자미 손질법 142쪽).

2. 가자미에 소금 후추를 하고 밀가루를 입힌다.

3. 달군 팬에 버터 10g을 넣고 뽀글뽀글 거품이 올라오면
가자미 등이 팬의 바닥으로 가도록 올린다.

4. 가자미 가장자리가 노릇해지면 버터 10g을 더 넣고 뒤집는다.
베이스팅한다.

5. 완성한 가자미는 불 가까이 따뜻한 곳에 둔다.

6. 가자미를 구운 팬에 화이트와인, 레몬즙, 소금을 넣고
와인의 알코올을 날리며 졸인다. 버터를 넣고 불을 끈 다음
마지막 간을 하고 파슬리 찹을 뿌린다.

7. 따뜻한 접시에 가자미를 올리고 가장자리에 소스를 뿌리거나,
소스를 바닥에 깔고 가자미를 얹는다.

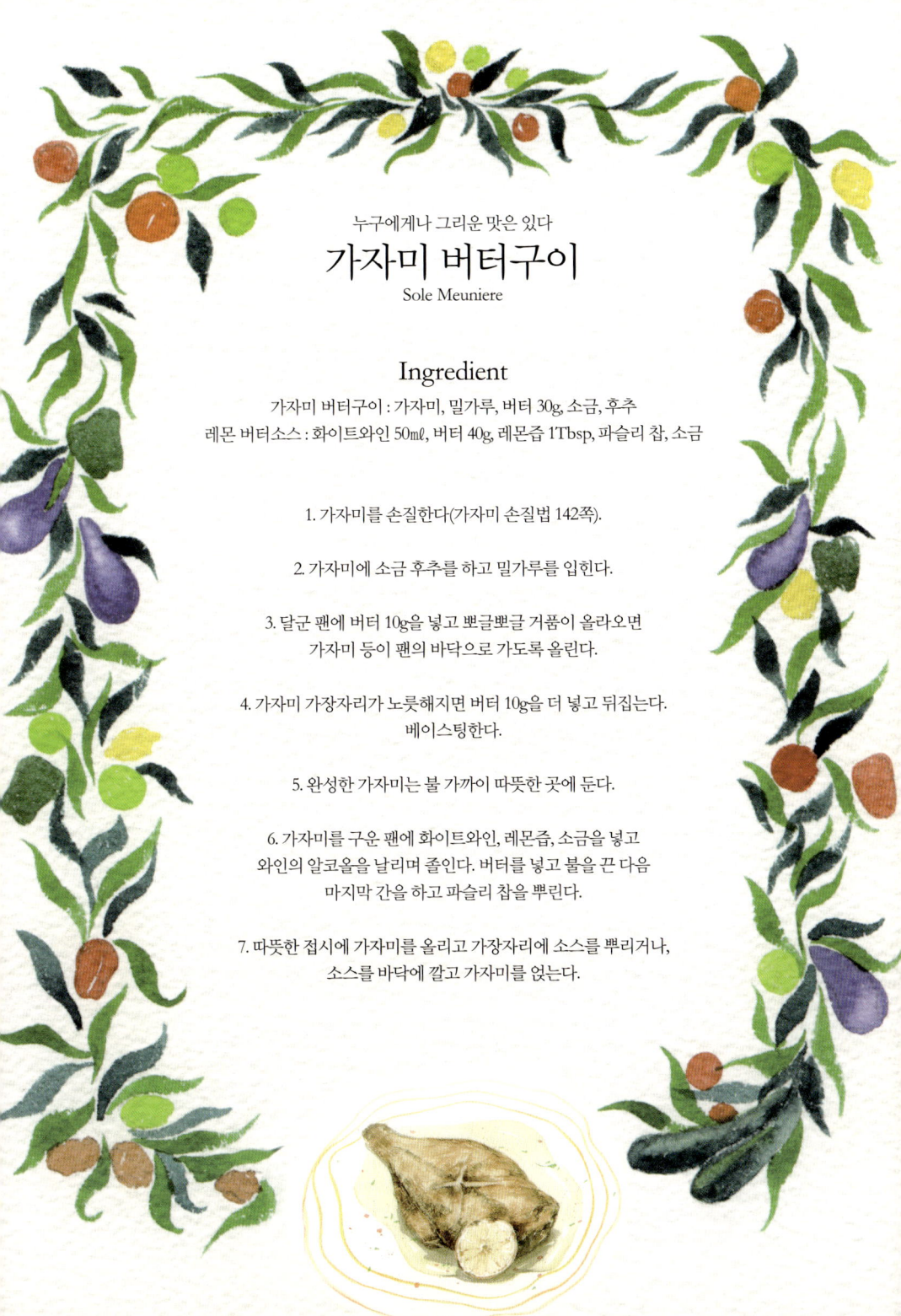

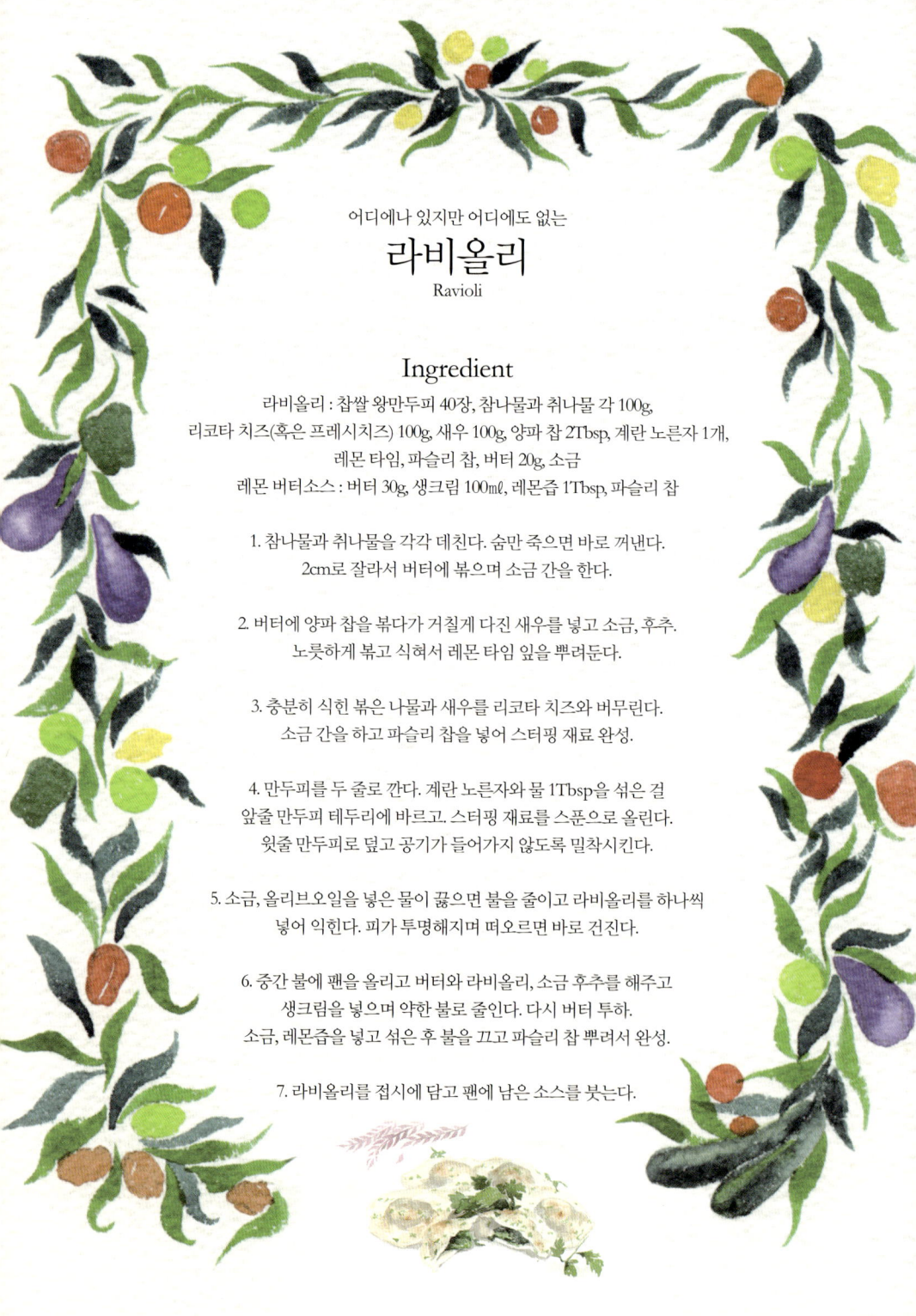

어디에나 있지만 어디에도 없는
라비올리
Ravioli

Ingredient

라비올리 : 찹쌀 왕만두피 40장, 참나물과 취나물 각 100g,
리코타 치즈(혹은 프레시치즈) 100g, 새우 100g, 양파 찹 2Tbsp, 계란 노른자 1개,
레몬 타임, 파슬리 찹, 버터 20g, 소금
레몬 버터소스 : 버터 30g, 생크림 100㎖, 레몬즙 1Tbsp, 파슬리 찹

1. 참나물과 취나물을 각각 데친다. 숨만 죽으면 바로 꺼낸다.
2cm로 잘라서 버터에 볶으며 소금 간을 한다.

2. 버터에 양파 찹을 볶다가 거칠게 다진 새우를 넣고 소금, 후추.
노릇하게 볶고 식혀서 레몬 타임 잎을 뿌려둔다.

3. 충분히 식힌 볶은 나물과 새우를 리코타 치즈와 버무린다.
소금 간을 하고 파슬리 찹을 넣어 스터핑 재료 완성.

4. 만두피를 두 줄로 깐다. 계란 노른자와 물 1Tbsp을 섞은 걸
앞줄 만두피 테두리에 바르고. 스터핑 재료를 스푼으로 올린다.
윗줄 만두피로 덮고 공기가 들어가지 않도록 밀착시킨다.

5. 소금, 올리브오일을 넣은 물이 끓으면 불을 줄이고 라비올리를 하나씩
넣어 익힌다. 피가 투명해지며 떠오르면 바로 건진다.

6. 중간 불에 팬을 올리고 버터와 라비올리, 소금 후추를 해주고
생크림을 넣으며 약한 불로 줄인다. 다시 버터 투하.
소금, 레몬즙을 넣고 섞은 후 불을 끄고 파슬리 찹 뿌려서 완성.

7. 라비올리를 접시에 담고 팬에 남은 소스를 붓는다.

소리의 향, 기다림의 맛
립아이 스테이크
Ribeye Steak

Ingredient

스테이크 : 3cm 두께의 꽃등심, 올리브오일 30㎖, 버터, 소금, 후추
레드와인 소스 : 레드와인 250㎖, 홀그레인 머스터드 1Tbsp, 버터10g, 소금, 후추

1. 꽃등심을 소금 후추로 시즈닝한다.

2. 팬에 올리브오일을 두르고 센 불에서 시어링한다.
10초 단위로 고기를 뒤집으며 앞뒤면과 옆면도 골든 브라운 색을 낸다.

3. 겉이 노릇해지면 중간 불로 줄이고 베이스팅한다.

4. 원하는 정도로 구워질 때쯤
팬에 버터를 넣고 베이스팅하며 풍미를 더해준다.

5. 고기를 따뜻한 접시에 담아 소스 만드는 불 가까이에서 레스팅 타임을 준다.

6. 고기를 구운 팬에 레드와인을 붓고 알코올을 날린다.
홀그레인 머스터드와 버터를 넣고 약불에서 졸인다.
소금, 후추로 시즈닝한다.

7. 따뜻한 접시에 고기를 얹는다. 소스는 고기 위에 뿌리지 말고
접시 앞쪽에 스푼으로 그려주거나, 따로 낸다.

우리가 기억하는 따뜻함에 대하여
포토푀
Pot au Feu

Ingredient
포토푀 : 양지, 사태, 꼬리뼈 각 400g, 미르포아(양파 2개, 당근 1개, 셀러리 2줄기),
부케가르니(대파 흰 부분 2개, 월계수잎, 통후추 1Tbsp, 정향 3개, 타임 줄기 20g, 마늘 8알)
가니처 : 표고버섯 9개, 무 ½, 당근

1. 소고기와 미르포아 가니처를 손질한다(손질법 183쪽).

2. 큰 냄비에 고기와 미르포아, 무, 표고버섯을 넣고
냄비의 80% 정도 물을 채운 후 끓인다.

3. 물이 끓으면 중약불로 줄이고 부케가르니를 넣는다.
2시간 30분~3시간 정도 거품을 걷어내며 끓인다.

4. 1시간 30분 후, 무를 건지고 국물에 소금 간을 한다.
2시간쯤 후, 익은 고기는 먼저 건진다. 꼬리뼈는 더 익힌다.

5. 기름을 두르지 않은 팬에서 양배추의 양면을 골든 브라운으로 굽는다.

6. 뼈에 붙은 고기까지 익으면 고기와 표고버섯을 건지고 마무리 간을 한다.
국물을 체에 걸러 다른 냄비에 담아 가니처로 먹을 당근, 양파를 넣고
다시 불에 올린다. 20분 후 양배추를 넣고 10분 정도 더 끓여서 마무리한다.

7. 오목한 접시에 국물과 함께 고기를 종류별로 하나씩 담고
가니처를 올린다.

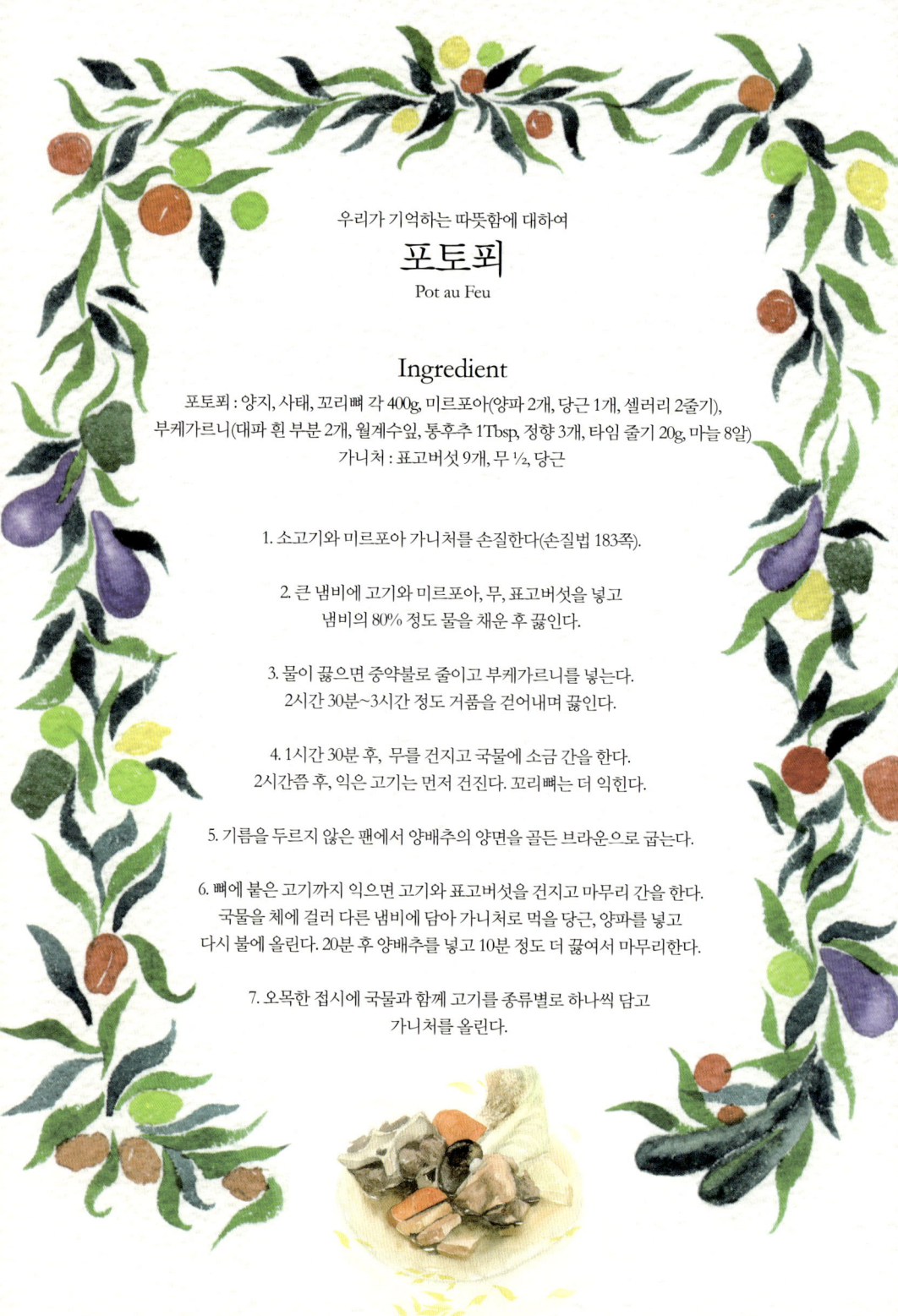

오늘은 즐거움을 굽는 날
로스트 덕
Roast Duck

Ingredient

로스트 덕 : 통오리 1마리
허브 크러스트 : 빵가루 2½컵 버터 40g, 계란 노른자 2개, 마늘 5개, 소금 1tsp, 후추,
파슬리 찹 2Tbsp, 레몬타임 4줄기, 튜메릭 파우더(강황가루) 1tsp, 큐민 파우더 1핀치.
가니쉬 : 양송이, 브로콜리, 알감자
오렌지 허니소스 : 오렌지주스 2컵, 유자청 1tsp, 홀그레인 머스터드 1tsp.

1. 오리를 손질하고 깨끗이 씻은 후 겉과 안의 물기를 제거하고
소금,후추로 시즈닝한다.(오리 손질하는 법 196쪽)
2. 믹싱볼에 빵가루와 버터를 넣고 손가락으로 비벼 섞는다.
간 마늘, 파슬리 찹, 계란 노른자, 레몬 타임, 튜머릭과 큐민 파우더를 넣고
소금 후추를 한 후 잘 섞어 마지막 간을 한다.
3. 오리 속을 허브 크러스트로 채운다.
4. 대나무 꼬치와 쿠킹호일로 오리를 고정한다.(고정하는 법 199쪽)
5. 베이킹 트레이에 오일 바른 식힘망을 깔고, 오리를 올리고
껍질에 소금 후추를 한 후 쿠킹호일을 뚜껑처럼 덮는다.
6. 220℃로 예열한 오븐에서 2시간 30분 굽는다. 완성 30분 전
가니쉬 재료를 오리 기름이 있는 트레이에 놓고 다시 오븐에 넣는다.
7. 가니쳐가 익으면 꺼내놓고, 유자청과 꿀을 같은 비율로 섞은 글레이징 소스를
오리에 바르고 껍질이 바삭하도록 5~10분 구우면 완성.
8. 작은 냄비에 오렌지주스를 넣고 졸이듯 끓이다가 ⅛이 줄어들면
유자청, 홀그레인 머스터드, 소금 넣고 농도를 맞춰 끓인다.
소스는 로스트덕과 따로 낸다.

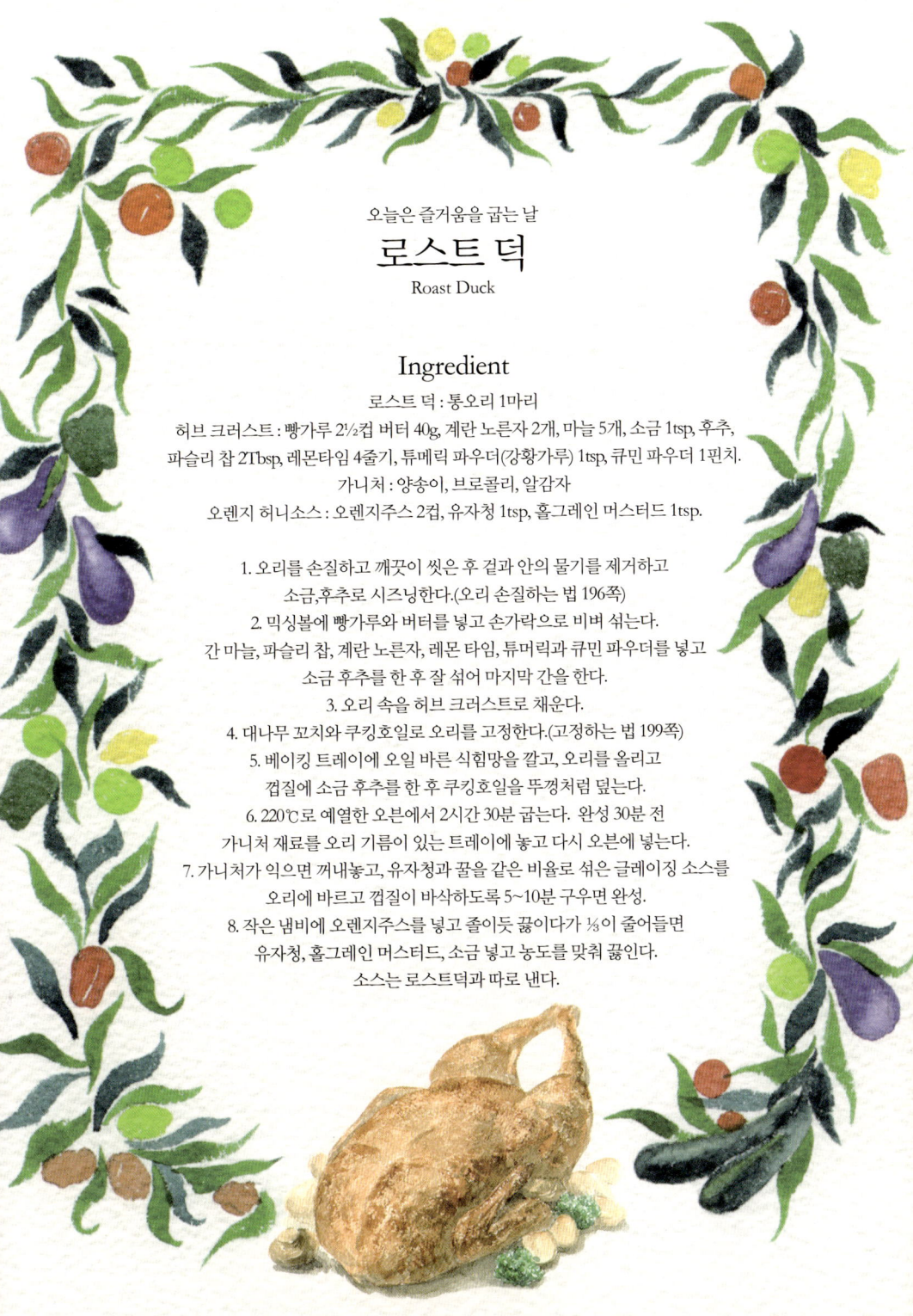

마드모아젤 타탱의 달콤한 실수
업사이드다운 애플파이
Upside-down Apple Pie

Ingredient
페이스트리 도우 : 밀가루 중력분 250g, 버터 125g, 계란 노른자 1개, 설탕 1Tbsp, 소금 1tsp
애플파이 : 사과 6개, 레몬 2개, 버터 50g, 설탕 150g / 주물팬 23cm

페이스트리 도우
1. 밀가루, 소금, 설탕을 넣고 섞는다. 버터를 넣고 고슬하게 손가락으로 비벼준다.
2. 계란 노른자와 차가운 물을 넣고 뭉쳐질 정도로만 반죽한 다음 납작하게 펴서 냉장고에 넣고 1시간 정도 쉬게 한다.
3. 랩을 깐 작업대에 반죽을 올리고 랩을 위에 덮고 두께 0.5cm 이하, 오븐에 들어갈 팬보다 크게 민다. 포크로 반죽을 콕콕 찍어주면 완성.

업사이드다운 애플파이
1. 사과를 깎아 4등분하고 씨가 있는 부분을 잘라내고 레몬즙으로 버무린다.
2. 팬을 달군 후 중간 불로 줄이고 버터를 올려서 녹기 시작하면 설탕을 넣고 캐러멜처럼 될 때 사과를 팬의 가장자리부터 둘러서 놓는다.
3. 사과의 모든 면을 노릇하게 코팅되도록 굽는다. 사과가 익으면서 빈공간이 생기면, 나머지 사과로 빈틈없이 채워준다.
4. 사과가 골든 브라운 색이 나면 뜨거운 상태에서 페이스트리 도우를 얹어, 사과를 감싸듯 팬 안쪽으로 넣어준다.
5. 190℃ 오븐에서 25~30분 정도 굽는다. 페이스트리가 갈색이 나면 꺼내어 식힌다.
6. 팬보다 크고 납작한 접시를 덮어 접시 쪽으로 파이를 뒤집어준다.
7. 조각으로 잘라서 접시에 담는다.